Dampfgaren leicht gemacht

Roland Astner

Dampfgaren leicht gemacht

Unkompliziertes Garen mit Dampf
und Intervall im Profi Steam

In Zusammenarbeit mit dem
Fachberatungs-Team von Electrolux

AT Verlag

Verdankung

Ein besonderer Dank geht an

meine Assistentin Anita Strebel, die mir immer den Rücken freihält, so dass sich Projekte wie das vorliegende Buch überhaupt realisieren lassen,

an Jacques Weisz, der die Texte überarbeitet und in eine lesbare Form gebracht hat,

und natürlich an die Fachberaterinnen, die täglich für den Profi Steam im Einsatz sind und zum Erfolg dieses Buches massgebend beitragen: Claire Banz, Carol Meile, Lisbeth Ast, Martina Mendoza, Annamarie Basler, Luisa Spiegel, Gisela Utzinger, Susanne Althaus, Eliane Contaldi, Andrea Loser, Marie-Therese Köhle, Rita Kreiliger, Leonie Michel, Esther Rüfenacht, Simone Rohrer, Rita Saegesser, Agnese Salmaso, Bernadette Tschopp, Marianne Jenni, Irène Wehrli, Kerstin Peter, Daniela Penon, Vreny Ledergerber, Monique Jaeglé, Annetta Gerstlauer, Liliane Flury, Doris Buser, Marlis Büchler, Madlen Ackermann, Esther Furrer sowie Hermann Brandner.

4. Auflage, 2007

© 2004
AT Verlag, Baden und München
Fotos: Andreas Thumm, Freiburg i. Br.
Lithos: AZ Print, Aarau
Druck und Bindearbeiten: Firmengruppe APPL, aprinta druck, Wemding
Printed in Germany

ISBN 978-3-85502-816-0

www.at-verlag.ch

Inhaltsverzeichnis

Vorwort

Das Lebensgefühl steht heute im Mittelpunkt unseres Alltags. «Lifestyle», wohin man schaut, von Gebrauchsgütern bis zu Dienstleistungen. Dabei werden die Trends immer kurzlebiger. Was bleibt, sind die Grundbedürfnisse des Menschen, wie die Aufnahme von Nahrung als biologische Basis zur Lebenserhaltung. Essen und Trinken gehen jedoch weit darüber hinaus, sie sind eng mit unseren Wurzeln verknüpft, sind Teil unserer Kultur. Und Kultur definiert sich nicht zuletzt über die Art der Befriedigung von Bedürfnissen. Unsere Esskultur hat sich in den letzten Jahren, wie dies auch in vielen anderen Lebensbereichen geschah, fremden Einflüssen geöffnet. Dem Wunsch, die Küchen der ganzen Welt, von China bis Schweden, in den eigenen vier Wänden zu zelebrieren, trägt das heutige Warenangebot wie auch der aktuelle technische Stand der Kochgeräte voll Rechnung.

Der Blick in die Profiküche brachte einen weiteren Schritt hin zur Perfektionierung. Electrolux ging es darum, ein Gerät für den Haushalt zu kreieren, das selbst den Ansprüchen eines Profis gerecht wird. Das Resultat darf sich sehen lassen: sein Name ist Profi Steam.

Trends wie Wellness oder das Thema der gesunden Ernährung stellen uns als Hersteller von hochwertigen Haushaltsgeräten immer wieder vor neue Herausforderungen. Gerade hier deckt der Profi Steam mit den zusätzlichen Funktionen Dampfgaren und Intervallgaren die Bedürfnisse des modernen Menschen optimal ab.

Wie leicht das Arbeiten mit dem Profi Steam ist, demonstrieren die 32 Fachberaterinnen von Electrolux in der ganzen Schweiz bei der Beratung und beim Kochen in den Kochstudios, an Messen und bei Heimvorführungen. Ausser mit den konventionellen Backfunktionen wie Unter- und Oberhitze, Heissluft, Grillen und Dörren kann der Profi Steam zusätzlich mit den Programmen Dampf- und Intervallgaren betrieben werden. Damit Sie diese Funktionen optimal nutzen können, haben wir die bisherigen Erfahrungen gesammelt und geben sie mit diesem Buch in Form vieler feiner Rezepte und nützlicher Tipps weiter.

Sämtliche Rezepte wurden mehrfach getestet und entsprechen den hohen Qualitätsanforderungen der Electrolux-Fachberatung. Die Auswahl reicht von ganz einfachen Gerichten bis zu ausgesuchten Spezialitäten, die alle mit dem Profi Steam garantiert gelingen.

Wir zeigen Ihnen, wie unkompliziert die Zubereitung von Gemüse, Fisch, Fleisch, Beilagen, Brot und Desserts mit dem Profi Steam ist, und möchten Sie ermuntern, auch ab und zu etwas Neues auszuprobieren. Sie werden bei Ihrer Familie und bei Ihren Gästen «wie ein Profi» brillieren.

Wir wünschen Ihnen viel Freude und Erfolg mit dem Profi Steam!

Roland Astner und das Team der Electrolux-Fachberaterinnen

Die Funktionen des Profi Steam

Profi Steam, der Alleskönner

Mit dem Kombibackofen Profi Steam steht Ihnen für jede gewünschte Zubereitungsart die optimale Funktion zur Verfügung. Dabei ist jeweils bereits eine vorgeschlagene Temperatur programmiert. Selbstverständlich kann diese (ausser im Dampf- und Niedergarbetrieb) jederzeit geändert werden.

Dampfgaren

Für schonende Zubereitung mit reinem Wasserdampf von Gemüse, Pochieren von ganzem Fisch oder Fischfilets, Garen von Stärkebeilagen wie Reis und Mais, Kochen von Eiern. Bei der Funktion Dampfgaren kann die vorprogrammierte Temperatur nicht geändert werden, da Dampf bei 96 °C erzeugt wird.

Intervallgaren

Heissluft und Dampf werden im Verhältnis von 75% zu 25% kombiniert. Die Elektronik schaltet nach 30 Sekunden Heissluft jeweils für 10 Sekunden auf Dampfgaren um. Optimale Funktionsstufe für Brot und Gebäck sowie für die Zubereitung von Fleisch und Fisch mit feiner Kruste.

Heissluft

Zum Backen, Braten und Garen auf mehreren Ebenen. Der Rückwandheizkörper wird mit dem Backofengebläse eingesetzt, was eine optimale Verteilung der Hitze garantiert.

Pizzastufe

Für Pizza, Obstkuchen, Quiches und Wähen. Unterhitze wird mit Heissluft kombiniert. Voreinstellung: 230 °C (für Pizza); für Obstkuchen und Quiches auf etwa 180 °C reduzieren.

Turbogrill

Speziell für hohe Grilladen wie Rollbraten und Geflügel. Der Kleinflächengrill wird mit dem Backofengebläse zusammengeschaltet. Voreinstellung: 180 °C.

Kleinflächengrill

Für kleineres Grillgut, vor allem Portionenstücke. Voreinstellung: 230 °C.

Grossflächengrill

Für grössere Mengen von flachem Grillgut. Der Kleinflächengrill wird mit Oberhitze zusammengeschaltet. Voreinstellung: 230 °C.

Ober- und Unterhitze

Zum Backen und Braten nach traditioneller Art auf einer Ebene. Voreinstellung: 220 °C.

Dörren

Zum Trocknen von Kräutern, Obst und Gemüse auf mehreren Ebenen. Die Unterhitze wird mit dem Backofengebläse zusammengeschaltet. Voreinstellung: 30 °C. Auch manuell mit Heissluft zwischen 30 °C und 80 °C möglich.

Niedertemperatur-Automatik

Für kurzes Anbraten und sparsames, schonendes Nachgaren von Fleisch bei Heissluftbetrieb. Die Elektronik schaltet nach 10 Minuten von 90 °C auf 80 °C um.

Regenerieren

Als Regenerieren bezeichnet man das Aufwärmen von bereits gekochten Speisen. Durch die Kombination von 75% Heissluft zu 25% Dampfgaren werden vorgekochte Speisen bei etwa 100 °C erwärmt, ohne auszutrocknen.

Unkompliziertes Garen mit Dampf

Das Steamen oder Dampfgaren ist eine äusserst schonende Zubereitungsart, bei der die Nährstoffe weitgehend in den Lebensmitteln erhalten bleiben und auch keine Fettstoffe benötigt werden. Es ist somit genau das Richtige für eine moderne, gesunde Küche.

Wie unterscheidet sich das Dämpfen mit von jenem ohne Druck? Während der Erhalt der Nährstoffe bei beiden Methoden annähernd gleich ist, hat das Steamen ohne Druck den Vorteil, dass die Speisen weitaus weniger an Gewicht verlieren und dass im Gegensatz zum Dämpfen unter Druck kaum unerwünschte mehrfach gesättigte Fettsäuren auftreten.

Mit der Dampfgarfunktion kann man Sieden, Blanchieren, Pochieren und Dämpfen, und es lassen sich damit sämtliche Lebensmittel garen, ob frisch oder gefroren. Sie können Gemüse, Fleisch, Fisch, Teigwaren, Reis, Mais, Griess und Eier zubereiten, erwärmen oder auftauen. Speisen, die bisher der Profiküche vorbehalten waren oder aufwendig im Wasserbad gegart werden mussten, wie etwa feine Mousses und Terrinen, gelingen mit der Dampfgarfunktion einfach und sicher. Mit der Dampfgarfunktion lassen sich auch komplette Menüs in einem Arbeitsgang und in einem Serviergeschirr zubereiten, zum Teil sogar unabhängig von der Menge und Garzeit der einzelnen Speisen. Gemüse kann nicht verkochen, und es findet keine Geschmacksübertragung statt.

Zum Garen mit Dampf eignet sich jedes Geschirr mit einer Temperaturbeständigkeit von mindestens 100 °C. Das Gebläse sorgt bei Verwendung der Grillroste für die gleichmässige Verteilung des Dampfes. Die Temperatur liegt beim Dampfgaren durchgehend bei 96 °C.

Die Handhabung ist einfach: Das Wasser wird in die dafür vorgesehene Schublade in der Bedienblende eingefüllt, das Gargut kalt ins Backrohr geschoben und die Funktion Dampfgaren eingeschaltet. Das Wasser fliesst von der Schublade direkt in den Dampfgenerator, wo es auf 96 °C erhitzt und zum Kochen gebracht wird. Der dabei entstehende Dampf verteilt sich gleichmässig im Garraum. An den Oberflächen der dort befindlichen kälteren Lebensmittel kondensiert der Dampf und überträgt dabei seine Energie auf die Lebensmittel. Die Speisen werden so bei gleichmässiger Erhitzung schonend gegart. Ein Überkochen oder Anbrennen gibt es nicht, und die Möglichkeit des Verkochens ist viel geringer als bei herkömmlichen Methoden. Ein weiterer Vorteil: Weil nicht nur Mineralstoffe und Vitamine, sondern auch die Farbe und die Aromen der Lebensmittel besser erhalten bleiben, muss nur schwach gewürzt werden.

Infos und Tipps zum Dampfgaren

- Der Dampferzeuger fasst 700 ml Wasser für etwa 45 Minuten Garzeit.

- Das Gargut immer kalt in den Ofen schieben.
- Grundsätzlich gilt, dass alle Gemüse, frische und gefrorene, miteinander gegart werden können.
- Gefrorenes Gemüse ohne vorheriges Auftauen dampfgaren.
- Werden verschiedene Speisen miteinander gegart, wird die Garzeit den Speisen, die am längsten brauchen, angepasst.
- Schnittart und Schnittgrösse haben einen wesentlichen Einfluss auf die Garzeit.
- Gesalzene und geräucherte Fleischstücke sollten vor dem Dampfgaren mindestens 1 Stunde in Wasser eingelegt werden, damit sich das Pökelsalz löst.
- Auch Dörrgemüse vor dem Dampfgaren immer in Wasser einlegen.
- Gleichzeitiges energiesparendes Dampfgaren verschiedenster Speisen auf drei Ebenen in einem Arbeitsgang ist möglich; alle Speisen sind gleichzeitig servierbereit.
- Alle Speisen lassen sich ohne grösseren Qualitätsverlust warm halten.
- Man kann die Speisen bereits im Serviergeschirr garen (Fond muss vor dem Servieren abgeschüttet werden).
- Je nach persönlichem Geschmack kann länger und somit weicher oder kürzer und bissfester gegart werden.
- Ist das Gargut nach Ablauf der Garzeit nicht genügend weich, muss zum Nachgaren eine Zeitdauer von mindestens 14 Minuten eingestellt werden (Dampfaufbau und Entdampfungsphase sind dabei berücksichtigt).
- Beim Regenerieren (Erwärmen unter gleichzeitiger Zufuhr von Feuchtigkeit) von Kartof-

felpüree, Teigwaren und Polenta erreichen Sie mit der Funktion Dampfgaren ein besseres Resultat als mit der Funktion Intervallgaren.
- Saucen immer separat in einem mit Klarsichtfolie bedeckten Gefäss regenerieren, da sonst die Sauce durch den Wasserdampf verflüssigt wird.
- Für Flans, die gestürzt werden sollen, eignen sich die neuen, flexiblen Silikonformen sehr gut. Für Terrinen kann man die Form sogar mit Klarsichtfolie auskleiden, damit sich die Terrine anschliessend gut stürzen lässt.
- Falls vor dem Dampfgaren eine andere Funktion (z. B. Heissluft) gebraucht wurde, die Backofentemperatur immer zuerst unter 75 °C fallen lassen.

Damit sich nach dem Dampfgaren kein Wasser im Geschirr ansammelt:

- Die Tür während des Dampfgarens nicht öffnen.
- Der Dampfabbau von 5 Minuten am Ende des Programms muss eingehalten werden.
- Soll das Programm früher als vorgesehen unterbrochen werden, die Garzeit manuell zurückstellen, dabei die 5 Minuten Restzeit für den Dampfabbau berücksichtigen.
- Bei Gargut, das nicht mit dem Fond in Kontakt kommen soll, wie z. B. Gemüse, immer eine Lochschale oder einen Siebeinsatz verwenden.
- Falls überhaupt keine Feuchtigkeit auf den Speisen oder im Geschirr erwünscht ist, dieses mit Klarsichtfolie abdecken.

«Bei den Funktionen Intervall und Dampfgaren wird der Ofen nie vorgeheizt.»

Roland Astner,
Leiter Fachberatung Electrolux

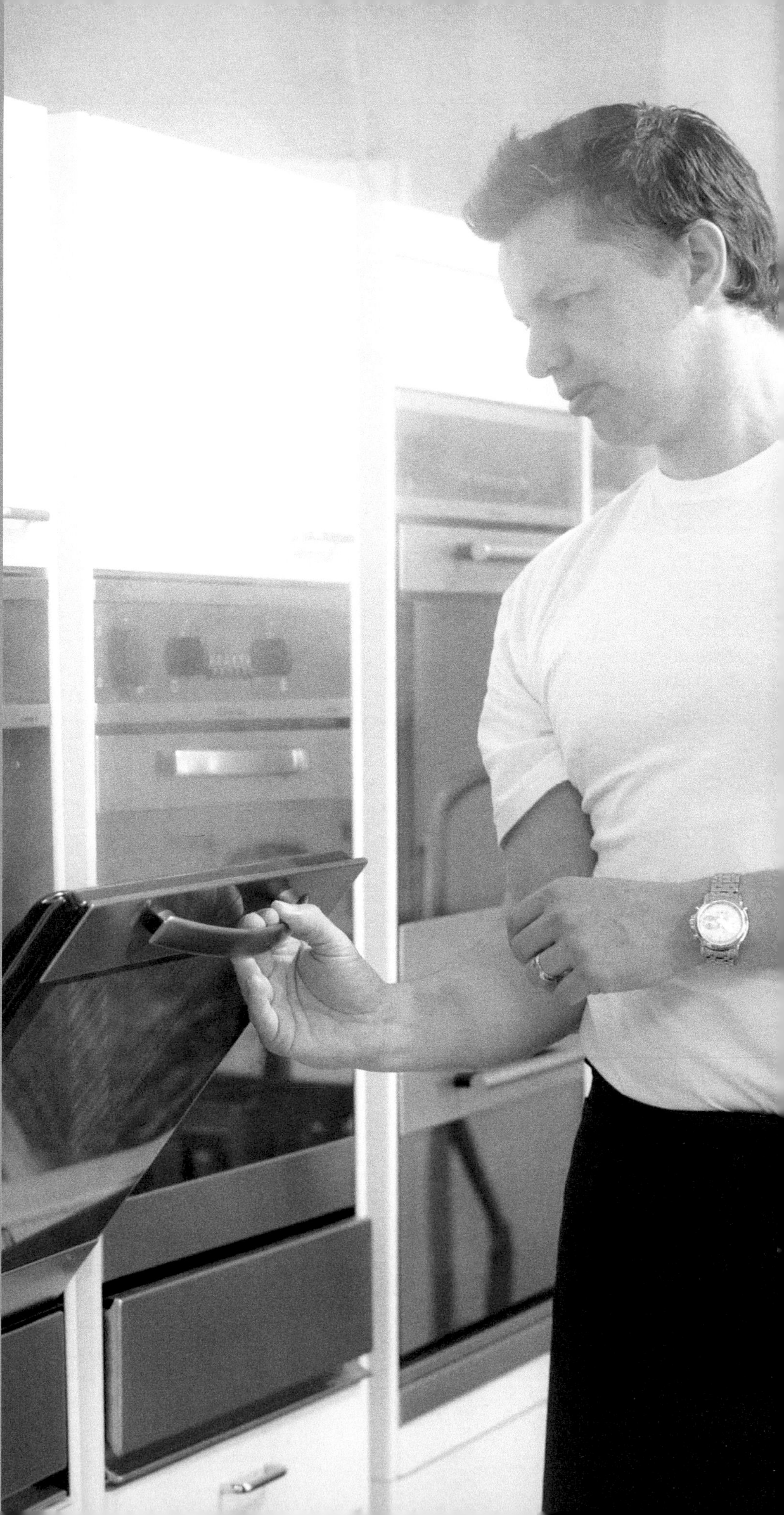

Intervallgaren für Saftigkeit bei höheren Temperaturen

Beim Intervallgaren handelt es sich um eine Mischfunktion der beiden Programme «Heissluft» und «Dampfgaren». Der Heissluft wird jeweils nach 30 Sekunden eine Dampfphase von 10 Sekunden zugeschaltet. Die dadurch der Heissluft beigefügte Feuchtigkeit ermöglicht für bestimmte Speisen ein optimales Ergebnis.

- Besonders geeignet ist das Intervallgaren für Back- und Bratgut, bei dem ein feuchter beziehungsweise saftiger Kern von einer knusprigen Kruste umgeben sein soll. (z. B. ein saftiger Braten, Brot, Schokoladencake).
- Mit der Intervallfunktion lassen sich Gratins und Aufläufe in nur einem Arbeitsgang und einem Geschirr optimal zubereiten.
- Grosse Fleischstücke werden durch den Dampf vorgegart und erhalten dennoch eine schöne goldbraune Kruste. Das ganze Fleischstück wird, ohne auszutrocknen, gleichmässig durchgegart. Das Gargut verliert ausserdem wenig Flüssigkeit und daher kaum an Gewicht, was für voluminöse Stücke wie Truthahn oder Fleischkäse ideal ist.
- Ein weiterer Vorteil: Bei der späteren Lagerung bleibt mehr Feuchtigkeit im Gargut – insbesondere bei Brot, Zopf oder Cakes – über längere Zeit erhalten.

Allgemein gilt: Für alle Speisen, die gerne austrocknen, aber dennoch eine schöne Bräunung verlangen, ist das Intervallgaren angezeigt.

Infos und Tipps zum Intervallgaren

- Gebäck bleibt länger frisch und knusprig als bei herkömmlichen Backmethoden.
- Das feuchtwarme Klima erwärmt die Speisen, ohne sie auszutrocknen.
- Das Regenerieren (Erwärmen unter gleichzeitiger Zufuhr von Feuchtigkeit) von Speisen auf bis zu sechs Tellern gleichzeitig ist möglich (frittierte Speisen eignen sich nicht zum Regenerieren).
- Gleichzeitiges Garen auf drei Ebenen ist problemlos möglich.
- Tiefgefrorenes Brot wird schonend aufgetaut, die Rinde blättert nicht ab.
- Verwenden Sie immer hitzebeständiges Geschirr.
- Nach dem Dampfgaren können Sie die Speisen bei 110 °C Intervall über längere Zeit ohne Qualitätsverlust warm halten.

Gartabellen

Die in den folgenden Gartabellen angegebenen Zeiten sind Richtwerte und variieren je nach Grösse, Menge und Qualität der verwendeten Produkte.
Natürlich sind auch hier Ihre eigenen Vorlieben und Erfahrungen das Mass aller Dinge. Eine Karotte nach Grossmutters Sonntagsrezept ist schliesslich kaum mit dem knackigen Karöttchen eines Nouvelle-Cuisine-Liebhabers zu vergleichen.

Dampfgartabelle

Gemüse

Artischocken	40–50	Minuten
Auberginen	15–25	Minuten
Blumenkohl	25–30	Minuten
Bohnen	35–40	Minuten
Bohnen blanchieren	20–25	Minuten
nach dem Blanchieren kalt abschrecken		
Broccoli	20–30	Minuten
Chicorée	25–30	Minuten
Dörrbohnen, eingeweicht	45	Minuten
Erbsen	15–25	Minuten
Fenchel	25–35	Minuten
Gemüse blanchieren	15	Minuten
nach dem Blanchieren kalt abschrecken		
Karotten	25–35	Minuten
Kartoffeln, in der Schale		
gekocht (Gschwellti)	35–50	Minuten
Kartoffeln, Salzkartoffeln	25–35	Minuten
Kefen (Kaiserschoten)	20–30	Minuten
Kohl, Weiss- oder Rot-,	40–50	Minuten
in Streifen, Strunk entfernen		
Kohlrabi	25–35	Minuten
Kohlrouladen	35–40	Minuten
Krautstiel	25–35	Minuten
Kürbis, halbiert, entkernt	20–30	Minuten
Kürbis, Würfel	15–25	Minuten
Lauch	25–35	Minuten
Pak Choi	20–30	Minuten
Peperoni (Paprika)	15–25	Minuten
Randen (Rote Beten)	70–90	Minuten
Rosenkohl	25–30	Minuten
Sauerkraut	60	Minuten
Schwarzwurzeln, geschnitten	25–30	Minuten
Sellerie	25–35	Minuten
Spargel, grün	25–30	Minuten
Spargel, weiss	30–40	Minuten
Spinat	15–20	Minuten
Stangensellerie	20–30	Minuten
Süsskartoffeln	20–30	Minuten
Tomaten	10–15	Minuten
Tomaten schälen	10	Minuten
Strunk entfernen, oben kreuzweise einschneiden		
Wirsing blanchieren, Blätter	15	Minuten
Wirsing, geschnitten	25–35	Minuten
Zucchini	15–25	Minuten
Zuckermaiskolben	30–40	Minuten

Beilagen

Frischteigwaren (z. B. Ravioli)	20–25	Minuten
mit Flüssigkeit $\frac{1}{2}$ Höhe der Teigwaren		
Knödel	30–40	Minuten
ohne Zusatzflüssigkeit		
Knöpfli	30	Minuten
mit Butterflocken und Reibkäse		
Polenta, Bramata	45–50	Minuten
1 Teil Mais, 3 Teile Flüssigkeit (Milch/Bouillon)		
Reis, Parfümreis	20–25	Minuten
1 Teil Reis, 1 Teil Wasser		
Reis, Trockenreis	35–40	Minuten
1 Teil Reis, 1 Teil Flüssigkeit (z. B. Bouillon)		
Risotto	30–35	Minuten
1 Teil Reis, 2 Teile Flüssigkeit		
Teigwaren regenerieren	12–15	Minuten
vor dem Regenerieren mit einer Gabel lockern		
Griessbrei	20–25	Minuten
1 Teil Griess, 4 Teile Milch		
Griessköpfchen	20–25	Minuten
1 Teil Griess, 3 Teile Milch		
Linsen, rot	20–30	Minuten
1 Teil Linsen, 1 Teil Bouillon		
Linsen, grün und braun	60	Minuten
1 Teil Linsen, 3 Teile Bouillon		

Früchte

Apfelschnitze	10–20 Minuten
Heisse Beeren	10–15 Minuten
Heisse Früchte	12–15 Minuten
Himbeeren entsaften	30 Minuten
Garschale ohne Einsatz, danach absieben	
Kompott	20–25 Minuten
Schokolade in Schüssel schmelzen	20–25 Minuten

Eier und Eierprodukte

Ei, Frühstücksei	12 Minuten
Ei, hart gekocht	20 Minuten
Ei, pochiert im Töpfchen	12 Minuten
Tasse mit eingeölter Folie auslegen	
Eierstich	15–20 Minuten
Flans, Köpfchen, pochiert	15–25 Minuten
Terrinen, Gemüse/Fisch	25–35 Minuten
Terrine mit Folie auslegen	

Fleisch, Fisch, Geflügel

Braten regenerieren, ca. 1,5 kg	45–50 Minuten
z. B. Kalbsschulter, Schweinshals	
Crevetten	15–20 Minuten
Eisbein (Wädli)	100 Minuten
Fischfilets	15 Minuten
Fischwürfel, ca. 3 cm dick	20 Minuten
Fleischkäse, in Tranchen	15–20 Minuten
Forelle, ganz	25–35 Minuten
auf Gemüsebett oder im Sud (Forelle blau)	
Lammragout, Eintopf	90 Minuten
Muscheln	15–20 Minuten
Pouletbrüstchen	20 Minuten
Rippli (Kasseler), ca. 1 kg	60 Minuten
vorher 1 Stunde in kaltes Wasser legen	
Rollschinken, ca. 1 kg	60 Minuten
ohne Folie in den Garbehälter legen	
Saucisson vaudois	35 Minuten

Schweinswürstchen	20 Minuten
Siedfleisch, je nach Gewicht	90–120 Minuten
in Gemüsesud/Bouillon	
Weisswürste	15–20 Minuten
Wienerli (Frankfurter)	15 Minuten

Intervallgartabelle

Aufbacken von Tiefkühlbrot, 160 °C	15 Minuten
Auflauf, 170–180 °C	30–40 Minuten
Auftauen von Fleisch, 50 °C	je nach Grösse und Gewicht
Blätterteig-Apérogebäck, je nach Grösse, 180–190 °C	20–35 Minuten
Brot, 180–200 °C	40–50 Minuten
Klopftest: Es muss hohl tönen.	
Brötchen, 180 °C	25–35 Minuten
Ente, 1–1,5 kg, 160 °C	ca. 90 Minuten
Fleischkäse, 500 g, 170 °C	ca. 40 Minuten
Frischback-/Aufback-brötchen, 160–180 °C	15–25 Minuten
gemäss Angaben auf der Verpackung	
Gratin, Kartoffel-/Gemüse- 170–180 °C	40–50 Minuten
Kalbsbraten (z. B. Schulter) 1–1,5 kg, 150–160 °C	ca. 90 Minuten
Kasseler-Braten, 1–1,5 kg 150–160 °C	ca. 90 Minuten
Lammgigot (Lammkeule) 150 °C	120–150 Minuten
Lasagne, 170–180 °C	40–50 Minuten
Poulet, ca. 1 kg, 160–180 °C	40–50 Minuten
Regenerieren fertiger Speisen auf Tellern, 110 °C	15–20 Minuten
Schweinsbraten (z. B. Hals), 1–1,5 kg, 150–160 °C	ca. 90 Minuten

Sinnvolles und nützliches Zubehör

Ganz nach dem Motto «Nichts ist so gut, dass man es nicht noch verbessern könnte» gibt es zum Profi Steam wertvolles Zubehör, das genau auf die speziellen Funktionen des Geräts zugeschnitten ist. Es ist bei Electrolux oder über den spezialisierten Fachhandel erhältlich.

Glas-Garbehälter GG 275 von Electrolux

Er eignet sich hervorragend für das Dämpfen von Gerichten, die mit Flüssigkeit zubereitet werden wie Reis, Mais oder Couscous. Der gelochte Einsatzrost wird beim Garen von Gemüse oder pochiertem Fisch verwendet, bei dem das Gargut nicht mit der Flüssigkeit in Kontakt kommen soll. Der Glas-Garbehälter GG 275 weist eine hohe Temperaturbeständigkeit auf und eignet sich deshalb auch für alle anderen Funktionen des Profi Steam (Heissluft, Ober-/Unterhitze usw.).

Edelstahl-Garbehälter GB 325 und GBG 325 von Electrolux

Der Edelstahl-Garbehälter hat die gleiche Funktion wie der Glas-Garbehälter, ist aber gegenüber mechanischer Beanspruchung robuster. Es gibt ihn in der Ausführung als reinen Garbehälter (GB 325) und in der gelochten Version als Einsatz (GBG 325).

Gelochte Einsatzroste ER-GG 275 und ER-GB 325 von Electrolux

Sie passen genau in die oben beschriebenen Garbehälter aus Glas bzw. Edelstahl, lassen sich aber auch in jedem anderen geeigneten Gargeschirr verwenden. Sie sind in den Grössen von 210×125 und 270×210 mm erhältlich.

Die Garbehälter GBG 325 (oben) und GB 325 (unten).

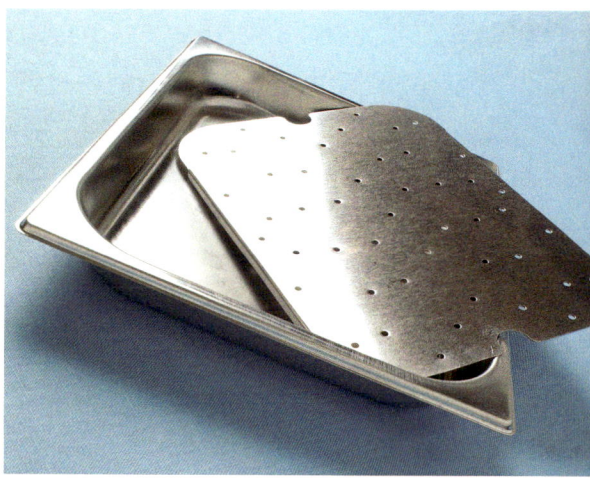

Der Garbehälter GB 325 mit dem gelochten Einsatzrost ER-GB 325.

Porzellanformen

Selbstverständlich lässt sich für die Funktion Dampfgaren jedes Geschirr mit einer Temperaturbeständigkeit von mindestens 100 °C verwenden. Für gewisse Gerichte wie z. B. Kartoffelgratin sind Porzellanformen besonders geeignet, weil sich darin das Gericht gleich servieren lässt.

Terrinenformen

Zum Herstellen von Terrinen und Flans auf der Dampfgarstufe kommen Formen aus Metall, Porzellan oder Kunststoff in Frage, deren Temperaturbeständigkeit mindestens 100 °C beträgt.  Stellen Sie die Formen mit dem Gargut immer auf den Gitterrost, damit sich der Dampf gleichmässig um das Geschirr verteilen kann.

Es könnte ja sein, dass ...

... Sie wider Erwarten auf Probleme stossen. Hier ein paar Tipps zu ihrer Lösung.

Backgut geht nicht richtig auf.

Falsche Temperatureinstellung
Die eingestellte Temperatur überprüfen, mit den Angaben in der Tabelle und im Rezept vergleichen.

Back- oder Bratgut bräunt nicht.

Zu niedrige Temperatur
Temperatureinstellung erhöhen, Garzustand prüfen und eventuell die Garzeit entsprechend verkürzen.

Ungeeignete Back- oder Bratform.

Bei Ober-/Unterhitze oder Heissluft wenn immer möglich Backformen aus gut leitendem Material verwenden. Hier hat sich das klassische Schwarzblech als optimal erwiesen.

Back- oder Bratgut wird zu dunkel.

Zu hohe Temperatur
Die eingestellte Temperatur überprüfen, mit den Angaben in der Tabelle und im Rezept vergleichen und gegebenenfalls Temperatureinstellung vermindern und Zeit verlängern.

Backgut wird zu trocken.

Backdauer wegen zu niedriger Temperatur zu lang
Die eingestellte Temperatur überprüfen, mit den Angaben in der Tabelle und im Rezept vergleichen, gegebenenfalls Temperatureinstellung erhöhen und Zeit verkürzen.

Backgut wird zu feucht.

Backdauer wegen zu hoher Temperatur zu kurz, nicht genügend Feuchtigkeit ausgebacken. Auf den unteren Temperaturwert in der Tabelle einstellen.

Zu viel Flüssigkeit im Teig.

Teig mit weniger Flüssigkeit zubereiten.

VORSPEISEN UND SALATE

Bunter Linsensalat

Für 4 Personen

125 g grüne Linsen
100 g Karotten
50 g Stangensellerie
1 Birne

Salatsauce:
4 EL Öl
3 EL saurer Halbrahm
3 EL Essig
1 Schalotte, gehackt
½ TL Senf
2 Prisen Zucker
Salz, Pfeffer

glattblättrige Petersilie, gehackt

Die Linsen mindestens 30 Minuten einweichen.
Abgiessen.
Anschliessend mit der doppelten Menge Wasser
etwa 15 Minuten dampfgaren (die Garzeit ist je
nach Sorte unterschiedlich).
Karotten und Sellerie rüsten und in kleine Würfel
schneiden, die Birne in kleine Scheiben schneiden. Alles zusammen zu den Linsen geben und
weitere 30 Minuten dampfgaren. Alles in einem
Sieb abtropfen lassen.
Die Zutaten zur Salatsauce mischen, den Salat mit
der Sauce anrühren und nochmals abschmecken.
Den Salat auf Tellern anrichten und mit Petersilie
bestreuen.

Chicorée
mit Ziegenfrischkäse

Für 4 Personen

250 g Chicorée (2 Stück)
Zitronensaft
80 g Ziegenfrischkäse
Olivenöl
Salz, Pfeffer und Zucker

Die Chicoréeköpfe längs halbieren, den Strunk
herausschneiden.
Die Chicoréehälften in eine Garschale legen, mit
Zitronensaft beträufeln und mit Salz, Pfeffer und
Zucker bestreuen.
Den Ziegenfrischkäse zerbröckelt darüber ver-
teilen und grosszügig mit Olivenöl beträufeln.
Mit Intervallfunktion bei 190 Grad 40 Minuten
garen.

Tipp:
Heiss oder lauwarm als Vorspeise oder als Beilage
servieren.

Exotischer Gemüsesalat mit Koriander-Tortillas

Für 4 Personen

600 g bunt gemischtes Gemüse, z. B. Kefen (Kaiserschoten), Karotten, Peperoni (Paprika), Zucchini, Lauch, Champignons
4 Flour-Tortillas
100 g Frischkäse
2 EL frische Korianderblätter
Salz, Pfeffer

Salatsauce:
2 EL Sojasauce
2 EL Sweet Chilisauce
2 EL Essig
1 TL geröstetes Sesamöl
1 TL Dijonsenf

1 EL geröstetes Sesamöl
4 Zweige Koriander als Garnitur

Das Gemüse in feine Streifen schneiden und in eine Garschale legen.
Die Tortillas mit dem Frischkäse bestreichen, mit Salz und Pfeffer würzen und mit den Korianderblättern belegen. Den Rand seitlich einklappen und die Tortillas aufrollen. In eine Garschale legen.
Das Gemüse und die Tortillas 20 Minuten dampfgaren.
Für die Salatsauce Sojasauce, Chilisauce, Essig, Öl und Senf mixen.
Das Gemüse in eine Schüssel geben und noch warm mit der Sauce vermischen.
Die Tortillas mit dem Sesamöl bestreichen und unter dem Kleinflächengrill, ohne vorzuheizen, bei 230 Grad 3–5 Minuten überbacken.
Den Salat auf Tellern anrichten. Die Tortillas schräg in jeweils fünf Stücke schneiden und neben dem Salat anrichten. Mit einem Korianderzweig garnieren.

Kartoffelsalat

Für 4 Personen

1 kg Kartoffeln
50 g gehackte Zwiebeln
50 g Speckwürfelchen

Salatsauce:
2 EL Essig
1 TL Senf
6 EL Öl
Salz, Pfeffer

2–3 EL Mayonnaise oder Rahm
50 ml Bouillon
Schnittlauch, fein geschnitten

Die Kartoffeln schälen und in etwa 3 mm dicke Scheiben schneiden. Mit den Zwiebeln und den Speckwürfelchen in eine Lochschale oder auf einen Siebeinsatz geben. 30–35 Minuten dampfgaren.
Für die Salatsauce Essig und Senf verrühren, das Öl nach und nach zugeben, mit Salz und Pfeffer abschmecken.
Die gegarten Kartoffeln sofort mit der Salatsauce mischen.
Mayonnaise, Bouillon und Schnittlauch dazugeben, abschmecken und 15 Minuten zugedeckt ziehen lassen.

Exotischer Gemüsesalat
mit Koriander-Tortillas

«Frische Kräuter hacken, in eine Eiswürfelschale geben, mit *Wasser* auffüllen und einfrieren. So haben Sie sie stets in praktischen, gebrauchsfertigen Portionen auf Vorrat.»

«Kräuter trocknen und mit Salz mischen ergibt ein aromatisches Gewürzsalz.»

Andrea Loser,
Rita Saegesser

Indischer Reissalat

Für 4 Personen

250 g Langkornreis

Salatsauce:
½ Becher (90 g) Joghurt nature
1 EL Mayonnaise
½ Becher (90 g) saurer Halbrahm
5 EL Ananassaft
3 EL Zitronensaft
1 TL mildes Currypulver

50 g Baumnusskerne, grob gehackt
2 Scheiben Ananas, in kleine Stücke geschnitten
2 Äpfel, in kleine Schnitze geschnitten
½ Banane, in kleine Stücke geschnitten
25 g Rosinen
Salz zum Abschmecken
6 ganze Baumnusskerne und 2 Scheiben Ananas als Garnitur

Den Reis mit derselben Menge Salzwasser 30–35 Minuten dampfgaren. Abkühlen lassen.
Für die Salatsauce Joghurt, Mayonnaise, sauren Halbrahm, Ananassaft, Zitronensaft und Currypulver gut verrühren.
Dann die grob gehackten Baumnusskerne, die Ananasstücke, Äpfel, Banane und Rosinen beigeben.
Die Salatsauce gut mit dem Reis vermischen, nochmals abschmecken. Mit den ganzen Baumnüssen und Ananas garnieren.

Tipp: Indischer Pouletsalat
Pouletbrüstchen 20 Minuten dampfgaren. Kalt abspülen und in kleine Scheiben schneiden. Mit derselben Sauce wie für den indischen Reissalat, jedoch ohne Baumnüsse, mischen.

Spargelsalat

Für 4 Personen

1 Bund grüne oder weisse Spargeln

Salatsauce:
1 EL Ketchup
1 EL Cognac
2 EL Zitronensaft
3 EL Mayonnaise

50 g Schinken
Petersilie
Basilikum
3 EL Rahm

wenig Schnittlauch

Die Spargeln rüsten, das untere, holzige Ende wegschneiden. Die Spargeln in eine Lochschale oder auf einen Siebeinsatz geben.
Weisse Spargeln etwa 40 Minuten, grüne Spargeln 20 Minuten dampfgaren.
Für die Salatsauce alle Zutaten mit dem Schwingbesen verrühren.
Den Schinken und die Kräuter sehr fein hacken.
Zusammen mit dem Rahm zur Sauce geben und die gegarten Spargeln damit überziehen.
Den Schnittlauch in ½ cm langen Stücken darüber schneiden.

Kalbsnuss
an Rotwein-Vinaigrette

Basilikumköpfchen

Für 5 Personen

500 g Kalbfleisch (Nuss)
Salz, Pfeffer
Öl

Rotwein-Vinaigrette:
3 Scheiben Speck
3 EL Rotwein
4 getrocknete Pflaumen, entsteint, klein gewürfelt
2 EL Balsamicoessig
3 EL Rapsöl oder Olivenöl
Salz, Pfeffer

Schnittlauch

Das Fleisch Raumtemperatur annehmen lassen,
würzen und im heissen Öl rundherum 5 Minuten kräftig anbraten.
Dann das Fleisch mit Intervallfunktion bei
120 Grad garen, bis eine Kerntemperatur von
60 Grad erreicht ist (Fleischsonde anbringen).
Den Speck in feine Streifen schneiden. In einer
Pfanne ohne Fettzugabe braten, mit dem Rotwein ablöschen und auskühlen lassen. Dann mit
den restlichen Zutaten zur Vinaigrette verrühren
und abschmecken.
Das Fleisch in Scheiben aufschneiden, auf den
Tellern anrichten und mit der Vinaigrette beträufeln. Mit fein geschnittenem Schnittlauch garnieren.

Tipps:

Dazu ein knuspriges Brot reichen.
Schweinsfilet eignet sich für dieses Rezept
ebenfalls.

Für 4 Portionenförmchen

1 Bund Basilikum
1 kleine Zwiebel
4 grosse Knoblauchzehen
Öl
150 ml Rahm
3 Eier
100 g Parmesan, frisch gerieben
Salz und Pfeffer

Den Basilikum und die Zwiebel hacken. Den
Knoblauch dazupressen. Alles in etwas Öl andünsten.
Die weiteren Zutaten dazugeben und gründlich
mischen. In die Förmchen füllen.
20 Minuten dampfgaren (nicht zudecken!).
Aus den Förmchen lösen und anrichten.

Tipp:

Mit einer Salatgarnitur, zum Beispiel Tomatensalat, servieren.

*Kalbsnuss
an Rotwein-Vinaigrette*

Sbrinzflan an Petersiliensauce

Für 4–6 Portionenförmchen oder Tassen

Flans:
2 Eier
1 Eigelb
100–120 g Sbrinz, frisch gerieben
100 ml Rahm
Muskat, Paprika, Pfeffer
Butter für die Förmchen

Petersiliensauce:
1 kleines Bund Petersilie
100 ml Doppelrahm
wenig Zitronensaft
Salz, Pfeffer

Die Zutaten für die Flans mit dem Stabmixer
mischen. In die mit Butter ausgestrichenen
Förmchen füllen.
25 Minuten dampfgaren, bis die Masse zu
binden beginnt.
Für die Sauce die Petersilie in wenig Salzwasser
blanchieren, gut abtropfen lassen und mit dem
Wiegemesser fein hacken.
Den Doppelrahm mit etwas Zitronensaft und
den Gewürzen verrühren. Die gehackte Petersilie
darunter mischen.
Die leicht ausgekühlten Flans sorgfältig stürzen
und mit der Sauce servieren.

Pochierte Eier auf Brunnenkresse und Portulak

Für 4 Personen

2 Scheiben Rohschinken
10 Baumnusskerne
1 TL Olivenöl
100 g Brunnenkresse
100 g Portulak
4 Eier
etwas Trüffelöl zum Bestreichen
2 EL Trüffelöl
2 EL weisser Balsamicoessig
Salz, Pfeffer

Den Rohschinken in ganz feine Streifen schnei-
den. Die Baumnusskerne grob hacken.
Rohschinken und Nüsse im Olivenöl braten, bis
der Schinken knusprig ist. Auskühlen lassen.
Die Brunnenkresse und den Portulak nestartig
auf den Tellern anrichten.
Vier Espressotassen mit Klarsichtfolie auslegen
und diese mit etwas Trüffelöl ausstreichen. Je ein
Ei vorsichtig in die Tassen aufschlagen.
Die Eier 12 Minuten dampfgaren. Dann in das
Salatnest gleiten lassen.
Den Salat mit Trüffelöl und Essig beträufeln,
mit Salz und Pfeffer bestreuen.
Mit dem Rohschinken und den Nüssen
bestreuen.

Sbrinzflan
an Petersiliensauce

«Tiefgefrorenes Gemüse mit heissem Wasser übergiessen, so dass alles Gefrierwasser abgespült wird. Das Gemüse schmeckt dann besonders frisch.»

Rita Kreiliger

«Backpapier haftet tadellos und verrutscht nicht mehr, wenn Sie das Blech vorher anfeuchten.»

Lisbeth Ast

Spinatterrine
mit Trüffelaroma

Eine Spezialität aus dem Piemont

Für 12 Personen oder eine Terrinenform
von 1 Liter Inhalt

150 g Frischkäse (z. B. Pfeffer-Boursin)
2 Eigelb
2 Eier
2 EL Rahm
1 Schalotte
etwas Butter zum Andünsten
500 g tiefgefrorener Blattspinat (aufgetaut
und ausgedrückt 250 g)
Salz, Pfeffer aus der Mühle, Muskatnuss, Thymian

12 Scheiben Parmaschinken
Trüffelöl

Den Pfeffer-Frischkäse etwas zerbröckeln und
in einer Schüssel mit den Eigelben, den Eiern
und dem Rahm gut mischen.
Die Schalotte fein hacken, in etwas Butter andünsten, dann etwas auskühlen lassen.
Den aufgetauten Spinat gut ausdrücken und mit
einem grossen Messer grob hacken. Zusammen
mit der gedünsteten Schalotte zu der Eier-Käse-
Masse geben, nochmals gut mischen und kräftig
abschmecken.
Die kalt ausgespülte Terrinenform mit Frischhal-
tefolie auslegen und die Spinatmasse einfüllen.
Die Terrine mit der überstehenden Folie zudecken.
Die Spinatterrine mit der Dampfgarfunktion
etwa 30–35 Minuten pochieren.
Die Terrine aus der Form auf ein Brett stürzen
und in 12 Scheiben schneiden. Zusammen mit
je einer Scheibe Parmaschinken auf Tellern anrichten. Die Spinatterrine mit wenig Trüffelöl
beträufeln.

Dim Sum und
Frühlingsrollen

Für 4 Personen

Je ca. 16 Stück tiefgefrorene Dim Sum oder
Frühlingsrollen

Die Dim Sum oder Frühlingsrollen auf einem
mit Backpapier belegten Blech verteilen.
Mit Intervallfunktion bei 230 Grad 20–25
Minuten garen, servieren.

Auf diese Weise wird das Gargut ohne zusätz-
liches Fett (wie es bei der Zubereitung in der
Bratpfanne nötig wäre) rundum knusprig-
golden.

Tipp:

In einer Lochschale oder auf einem Siebeinsatz
kann man die Dim Sum und die Frühlingsrollen
auch 20 Minuten dampfgaren. Sie erhalten dann
eine schmackhafte Art «Ravioli» beziehungsweise gedämpfte Frühlingsrollen.

Morchel-Poulet-Terrine

Für 1 Terrinenform von 1 Liter Inhalt

20 g getrocknete Morcheln

1 Zwiebel

1 EL Butter

400 g Pouletbrust

50 ml Doppelrahm

1 EL Cognac

15 g gehackte Pistazien

100 g Rückenspeck in dünnen Scheiben

Hühnerbouillonpulver Instant, Pfeffer

Garnitur:

2 Orangen

4 EL Orangenkonfitüre

1 Zitrone, Saft

1 EL Senf

Salz, Zitronenpfeffer

Die Morcheln über Nacht in kaltes Wasser einlegen. Gründlich spülen, abtropfen lassen und grob hacken.

Die Zwiebel fein schneiden. Mit den Morcheln in der Butter 5 Minuten dünsten. Mit Salz und Pfeffer würzen, auskühlen lassen.

100 g von der Pouletbrust längs in 2 cm breite Streifen schneiden.

Die restlichen 300 g Pouletbrust kurz in den Tiefkühler legen. Das leicht angefrorene Pouletfleisch mit dem Doppelrahm im Cutter pürieren. Den Cognac, die Pistazien und etwa vier Fünftel der Morcheln unter die Masse mischen. Mit Instant-Bouillonpulver und Pfeffer abschmecken. Die Terrinenform kalt ausspülen, mit Klarsichtfolie auslegen und mit den Specktranchen auskleiden.

Die Hälfte der Fleischfarce in die Form geben und glatt streichen. Die Pouletbruststreifen darauf legen und die restlichen Morcheln darüber verteilen. Die restliche Fleischfarce darüber vertreichen und das Ganze mit den überlappenden Speckscheiben bedecken. Die Form mit Folie verschliessen.

Die Terrine 35 Minuten dampfgaren. Mit einem Gewicht beschwert auskühlen lassen.

Für die Garnitur etwas Orangenschale dünn abschälen und in ganz feine Streifchen (Julienne) schneiden. Die Orangen schälen, dabei die weisse Haut entfernen. Die Orangenfilets auslösen. Die Orangenkonfitüre mit dem Saft der Zitrone und dem Senf mischen, aufkochen und durch ein Sieb streichen. Mit Salz und Pfeffer würzen. Die Sauce auf die Teller verteilen, die in Scheiben geschnittene Terrine darauf anrichten, mit den Orangenfilets und den Orangenschalenstreifen garnieren.

Gemüseterrine

Für 4 Personen oder eine längliche, schmale
Terrinenform von 1 Liter Inhalt

200 g Broccoli
500 g möglichst lange Karotten
3 Eier
50 ml Rahm
30 g Butter
Salz, Pfeffer aus der Mühle

Den Broccoli rüsten und in Röschen teilen.
Die Karotten schälen.
Zum Auslegen der Form einen Teil der Karotten
mit dem Sparschäler in lange, dünne Streifen
schneiden. Die Karottenstreifen und Broccoliröschen im Dampfgarer 10 Minuten blanchieren.
Kalt abschrecken und gut abtropfen lassen.
Die restlichen Karotten würfeln und mit Dampf-
garfunktion 40 Minuten sehr weich garen.
Abschütten und gut abtropfen lassen. Zusammen
mit den Eiern, dem Rahm und der Butter im
Mixer sehr fein pürieren. Mit Salz und Pfeffer
würzen.
Die Terrinenform mit Klarsichtfolie auslegen
und mit den Karottenstreifen auskleiden, über-
stehende Teile wegschneiden. Das Karottenpüree
bis etwa 1 cm unter den Rand einfüllen und die
Broccoliröschen kopfüber in die Masse stecken.
Die Form mit Klarsichtfolie bedecken.
Die Terrine etwa 40 Minuten dampfgaren.
Anschliessend im Kühlschrank auskühlen lassen.
Zum Servieren die Terrine stürzen und in etwa
2 cm dicke Scheiben aufschneiden.

Tipp:
Mit einer Vinaigrette aus Zwiebel, Kräutern,
Olivenöl und Balsamicoessig anrichten.

Fischterrine

Für 1 Terrinenform von 1 Liter Inhalt

150 g Rotzungenfilet

100 g Hecht

150 g frischer Lachs

100 g tiefgekühlter Blattspinat

150 g Frischkäse

1 Ei

1 Eigelb

1 Zucchini

120 g geräucherter Lachs in Scheiben

1 Zweiglein Dill

200 ml Doppelrahm

3 EL Noilly Prat (trockener Wermut)

50 g Lachs in Tranchen

Salz, Pfeffer, Zitronenpfeffer

Sauce:

50 ml Rahm

1 EL Wasabipaste

Rotzunge, Hecht und Frischlachs in den Tiefkühler legen.

Den Spinat auftauen und gut ausdrücken, in
einen Mixbecher geben. Den Frischkäse, Ei und
Eigelb beifügen und alles gründlich mixen. Mit
Salz und Pfeffer würzen.

Die Zucchini mit dem Sparschäler längs in
Streifen schneiden, in eine Garschale legen.
Die Zucchinistreifen 15 Minuten dampfgaren,
dann kalt abspülen und abtropfen lassen.

Die Rotzungenfilets und die Hälfte des Hechts in
Stücke schneiden und mit der Hälfte des Doppelrahms, dem Noilly Prat und dem Dill im Cutter
pürieren, mit Salz würzen.

Den frischen Lachs und den restlichen Hecht in
Stücke schneiden und mit der zweiten Hälfte des
Doppelrahms im Cutter pürieren, mit Zitronen-
pfeffer und Salz würzen.

Die Terrinenform kalt ausspülen, mit Klarsichtfolie auskleiden und mit den Zucchinischeiben
auslegen.

Die Rauchlachsscheiben über den Zucchinischeiben auslegen. Die weisse Fischmasse einfüllen und glatt streichen. Die Lachstranchen
darauf legen und die rote Fischmasse einfüllen,
andrücken und glatt streichen.

Die Spinatmasse darüber geben und den überlappenden Teil der Zucchinischeiben darüber
schlagen. Die Form mit Folie bedecken.

Die Terrine 40 Minuten dampfgaren.

Für die Sauce den Rahm steif schlagen und mit
der Wasabipaste mischen. Zur Terrine reichen
und diese nach Belieben mit Kresse garnieren.

Tipp:

Sehr gut zur Fischterrine passt auch süsser Dill-
senf oder Meerrettichschaum, die beide fertig
gekauft werden können.

Zwiebelstrudel mit Tomatensalat

Für 4 Personen

1 Packung Strudelteig (120 g, 4 Blätter)
Olivenöl
1 grosse Zwiebel
100 g Fetakäse

Tomatensalat:
4 Tomaten
1 EL Olivenöl
1 EL Balsamicoessig
einige Blätter Basilikum
Salz, Pfeffer aus der Mühle

Die Strudelteigblätter mit Olivenöl bestreichen. Alle vier Blätter auf einem mit Backpapier belegten Blech aufeinander legen.
Die Zwiebel in ganz feine Streifen schneiden, über den Teig verteilen. Den Feta zerbröckeln und ebenfalls über den Teig verteilen. Mit Salz und Pfeffer würzen.
Den Strudel einrollen und mit Olivenöl bestreichen.
Mit Intervallfunktion bei 180 Grad 20 Minuten backen. Nach dem Backen sofort mit Olivenöl bestreichen.

Für den Salat die Tomaten in Scheiben schneiden, auf Teller legen, mit Olivenöl und Balsamicoessig beträufeln. Den Basilikum in Streifen darüber schneiden und mit Salz und Pfeffer bestreuen.

Broccolicremesuppe

Für 6 Personen

1 Kopf Broccoli
1 l Bouillon
30 g Butter
30 g Mehl
100 ml Rahm
Pfeffer, Salz, wenig Curry
Petersilie

Den Broccoli rüsten und in kleine Röschen teilen. Auf eine Platte legen.
Die Bouillon in einen Topf geben. Butter und Mehl zu einem Kloss zusammenkneten und in die Bouillon legen.
Den Topf mit der Bouillon und die Broccoliplatte separat in den Ofen stellen und etwa 25 Minuten dampfgaren.
Dann die Broccoliröschen in die Bouillon geben und mit dem Stabmixer pürieren. Den Rahm beigeben und die Suppe auf dem Herd noch einmal aufkochen. Abschmecken und mit fein geschnittener Petersilie garnieren.

FISCHGERICHTE

Fischgeschnetzeltes mit Steinpilzsauce

Für 5 Personen

600 g Fischfilets
Salz, Pfeffer und Zitronensaft

20 g Butter
1 Schalotte
200 g Steinpilze, geputzt
300 ml Weisswein
1 EL Braune Sauce Instant
200 ml Saucenrahm
1 Bund Petersilie, gehackt
Salz, weisser Pfeffer aus der Mühle

Die Fischfilets in Streifen schneiden. Mit Salz, Pfeffer und Zitronensaft würzen und marinieren. Den Fisch in eine Lochschale oder auf einen Siebeinsatz geben und 10 Minuten dampfgaren. Die Butter in einer Pfanne erwärmen. Die fein gehackte Schalotte darin andünsten. Die Steinpilze dazugeben und kurz mitdämpfen. Mit dem Weisswein ablöschen. Die Saucenpaste und den Saucenrahm einrühren. Mit der gehackten Petersilie sowie Salz und Pfeffer abschmecken. Den Fisch mit der Steinpilzsauce anrichten.

Tipp:
Dazu passt am besten Trockenreis.

Leichter Fischteller

Für 5 Personen

1 grosse Karotte
1 Fenchelknolle
4 mehlig kochende Kartoffeln
1 Frühlingszwiebel
Gemüsebouillonpulver Instant
300 g Frischlachs
300 g Seeteufel
50 ml Weisswein
Salz, Pfeffer
Schnittlauch

Das Gemüse und die Kartoffeln in sehr feine Streifen (Julienne) schneiden. In eine Garschale legen und mit dem Gemüsebouillonpulver würzen.
Den Fisch in etwa 3 cm grosse Würfel schneiden, über das Gemüse verteilen.
Den Weisswein darüber träufeln, mit Salz und Pfeffer würzen.
30–35 Minuten dampfgaren.
Den Schnittlauch darüber schneiden und servieren.

Tipp:
Nach Belieben eine frisch zubereitete Mayonnaise dazu reichen.

Lachsforellen-Timbales

Für 4 Personen als Vorspeise

200 g Lachsforellenfilet, ohne Haut
1 Eiweiss
50 g zarter Blattspinat
2 kleine Eglifilets, halbiert
etwas Zitronensaft
200 ml Doppelrahm, gut gekühlt
1 Messerspitze Cayennepfeffer
einige Tropfen Zitronensaft
wenig Salz, weisser Pfeffer aus der Mühle
Margarine oder Butter für die Förmchen

Sherrysauce:
100 ml Hühnerbouillon oder Fischfond
50 ml trockener Sherry
50 ml trockener Weisswein
1 Eigelb
100 ml Rahm
30 g kalte Butter

Das Lachsforellenfilet in etwa 1×1 cm grosse Würfel schneiden. In einem Plastikbeutel rund ½ Stunde im Tiefkühler durchkühlen.
Den Lachs mit dem ebenfalls gekühlten, leicht verklopften Eiweiss portionenweise im Cutter pürieren. Die Masse kühl stellen.
Vom Blattspinat die Stiele entfernen, die Blätter waschen und gründlich abtropfen lassen.
Die halbierten Eglifilets mit wenig Salz und weissem Pfeffer sowie mit etwas Zitronensaft würzen. Die silbern schimmernde Seite (Hautseite)

mit je einem Spinatblatt belegen und aufrollen. Vier ofenfeste Förmchen (von jeweils etwa 200 ml Inhalt) einfetten und mit Spinatblättern auslegen.
Den Doppelrahm löffelweise unter die pürierte Fischmasse rühren. Die Masse mit Cayennepfeffer, Zitronensaft, Salz und Pfeffer würzen. Die Förmchen zur Hälfte damit füllen, die Eglifiletröllchen leicht in die Masse drücken und die restliche Masse darüber verteilen, mit Spinatblättern bedecken und die Förmchen mit Alufolie verschliessen. Etwa 20 Minuten dampfgaren.
Für die Sauce Bouillon oder Fond, Sherry und Weisswein mischen, aufkochen und auf 100 ml einkochen.
Das Eigelb mit dem Rahm verrühren, dazugeben und die Sauce unter Rühren nur noch warm werden, aber nicht kochen lassen. Die Butter in kleinen Portionen mit dem Schwingbesen darunter rühren.
Die Lachsforellen-Timbales auf vorgewärmte Teller stürzen und mit der Sauce umgiessen.

Tipps:
Anstelle von Egli Felchen oder Flunder verwenden.
Dazu passt: Blätterteiggebäck, Crackers, frische, in feine Scheiben geschnittene Brötchen.

Flunder- oder Dorschfilet an Pernodsauce auf Gemüsebett

Für 5 Personen

600 g Flunder- oder Dorschfilet
2 Tassen (250 g) Reis
2 Tassen (250 ml) Wasser
500 g Gemüse (Karotten, Lauch,
Stangensellerie)
Butter für die Form
Salz, wenig Pfeffer
etwas Dill
Zitronensaft

Pernodsauce:
30 g Butter
3 TL Maisstärke (Maizena Express)
50 ml Weisswein
1 Schuss Pernod (Anis-Aperitifgetränk)
50 ml Rahm

Den Reis mit dem Wasser 15 Minuten dampfgaren.
Das Gemüse rüsten und in feine Streifen schneiden (Julienne). In die ausgebutterte Form legen.
Die Fischfilets gut trockentupfen. Mit Salz und
Pfeffer würzen, etwas Dill darüber streuen und
mit Zitronensaft beträufeln. Die Filets einrollen
und mit der Nahtseite nach unten auf das Gemüsebett setzen. Die Fischfiletröllchen auf dem
Gemüsebett zusammen mit dem Reis weitere
20 Minuten dampfgaren.

Für die Sauce die Butter in einem Pfännchen auf
dem Herd schmelzen, die Maisstärke beigeben
und einrühren. Die Pochierflüssigkeit von den
Fischröllchen und dem Gemüse zusammen mit
dem Weisswein beigeben und aufkochen. Vom
Feuer nehmen, einen Schuss Pernod dazugeben
und mit dem Rahm verfeinern; nicht mehr
kochen lassen.

Tipps:
Bei diesem Gericht bleiben die Vitamine erhal-
ten, indem die Pochierflüssigkeit vom Fisch und
Gemüse für die Sauce weiterverwendet wird.
Den Reis und das geschnittene Gemüse getrennt
im Voraus 15 Minuten dampfgaren, danach die
Fischröllchen auf das Gemüse legen und
nochmals 20 Minuten dampfgaren.

Taboulé mit Sardellen

Für 4 Personen

400 g Couscous
400 ml Wasser
200 g Cherrytomaten
1 Salatgurke
1 Zwiebel
2 Knoblauchzehen
1 Bund Petersilie
8 Blätter frische Pfefferminze
1 Büchse Sardellen
Saft von 1 Zitrone
50 ml Olivenöl

1 Stengel Rosmarin
1 TL weisse Pfefferkörner
1 TL Kardamom
½ TL Kreuzkümmel

Den Couscous mit dem kalten Wasser in eine Garschale geben und 15 Minuten dampfgaren. Inzwischen die Cherrytomaten nach Belieben halbieren oder vierteln, die Salatgurke schälen und in kleine Würfel schneiden, Zwiebel und Knoblauch hacken. Die Kräuter ebenfalls hacken und die Sardellen klein schneiden. Alle Zutaten gut vermischen.
Den Couscous abkühlen lassen, mit einer Fleischgabel luftig rühren und die Tomaten-Gurken-Sardellen-Mischung sowie die im Mörser zerstossenen Kräuter und Gewürze dazugeben.

Tipp:
Dies ergibt im Sommer eine leichte, vollwertige Mahlzeit. Es kann – dann ohne die Beigabe von Sardellen – auch sehr gut als Beilage zu Fisch, Lamm, Geflügel oder Rind serviert werden.

Forelle mit Kartoffeln auf Fenchelbett

Für 4 Personen

4 mittelgrosse Fenchel
2 Karotten
4 Forellen
500 g kleine Kartoffeln
Schnittlauch oder Petersilie
Salz und Pfeffer
Zitronenscheiben

Die Fenchelknollen halbieren und in etwa 1 cm breite Scheiben schneiden. In eine Gratinschale, wenn möglich mit Siebeinsatz, legen. Die Karotten würfeln und auf dem Fenchel verteilen.
Die Forellen auf das Gemüse setzen und die Kartoffeln rundherum verteilen.
Alles 25–30 Minuten dampfgaren.
Mit Schnittlauch oder Petersilie bestreuen, würzen und die Forellen mit Zitronenscheiben belegen.

Tipp:
Fetthaltigere Fische wie Lachs oder ganze Fische benötigen eine Dampfgarzeit von rund 30 Minuten. Fischfilets brauchen nur 10–15 Minuten.

Forelle mit Kartoffeln auf Fenchelbett

«Werden zum Abschmecken
eines Gerichts nur ein paar
Tropfen Zitronensaft benötigt,
stechen Sie mit einem Zahn-
stocher etwa drei Löcher in die
Schale einer reifen Zitrone und
pressen den Saft tropfenweise
heraus. Im Gemüsefach des
Kühlschranks hält sich die
Zitrone dann noch längere Zeit.»

Rita Saegesser

Reis mit Gamberoni

Für 5 Personen

400 g Reis
500 g Riesengarnelen
3 EL Wasser
Saft von ½ Zitrone
3 EL Essig
1 Knoblauchzehe
100 ml Olivenöl
Petersilie
Salz und Pfeffer

Die Riesengarnelen sorgfältig waschen. Die Schalen aufknacken und mit einem kleinen scharfen Messer den Darmfaden entfernen (er gibt den Garnelen sonst einen leicht bitteren Geschmack). Die Riesengarnelen mit der Schale in eine Schüssel geben. Wasser, Zitronensaft, Essig und Salz beifügen und die Garnelen 10 Minuten dampfgaren.
Den entstandenen Sud warm halten, um ihn anschliessend für den Reis zu verwenden.
In einer Schüssel den durchgepressten Knoblauch mit dem Olivenöl und dem Reis mischen. 500 ml vom Garnelensud darüber giessen und den Reis rund 40 Minuten dampfgaren.
Die Petersilie hacken, zum Reis geben und diesen mit etwas Olivenöl beträufeln. Den Reis mit den Riesengarnelen darauf anrichten.

Tipp:
Mit einem gemischten Salat als Hauptspeise servieren. Dazu eine Sauce Aïoli (Knoblauchsauce) oder Cocktailsauce reichen.

Flunderfilet mit Tomaten-Kapern-Sauce

Für 5 Personen

8 kleine Flunderfilets (600 g)
Salz, Pfeffer aus der Mühle
etwas Zitronensaft

Sauce:
1 Zwiebel
1 Bund Petersilie
400 g Dosentomaten (Pelati)
2 EL Kapern
Salz

Für die Sauce Zwiebel und Petersilie hacken, mit allen anderen Saucenzutaten in einen Topf geben und zu einer dicken Sauce einkochen.
Die Flunderfilets spülen und trockentupfen. Mit Salz und Pfeffer würzen, mit einigen Spritzern Zitronensaft beträufeln.
Die vorbereitete Sauce über den Flunderfilets verteilen und alles 15 Minuten dampfgaren.

Tipp:
Die Sauce für dieses Gericht lässt sich sehr gut vorbereiten und bis zu drei Tagen im Kühlschrank lagern.

FLEISCHGERICHTE

Mit Hackfleisch gefüllte Tomaten auf Reisbett

Für 4 Personen

400 g Langkornreis
400 ml Wasser oder nach Belieben Gemüse-
oder Fleischbouillon
Salz
4 grosse oder 8 mittlere Tomaten

Hackfleischfüllung:
400 g Hackfleisch, dreierlei
1 Ei
1 mittlere Zwiebel
1 Knoblauchzehe
fein geschnittene Petersilie
1–2 TL Salz
etwas Paprika, Pfeffer

Den Reis mit dem Salzwasser oder der Bouillon
in eine Gratinform geben.
Von den Tomaten einen Deckel abschneiden,
die Tomaten aushöhlen und bereithalten.
Für die Hackfleischfüllung Zwiebel und Knoblauch fein hacken. Mit den übrigen Zutaten
mischen und roh in die ausgehöhlten Tomaten
füllen. Die Tomatendeckel darauf legen und die
gefüllten Tomaten in den mit dem Wasser gemischten Reis setzen.
Das Gericht 30 Minuten dampfgaren.

Tipps:
Wird statt gemischtem nur Rindshackfleisch
verwendet, den Reis zuerst 10 Minuten vorgaren,
dann die gefüllten Tomaten darauf setzen und
alles noch 20 Minuten dampfgaren.
Auf dieselbe Weise können auch Peperoni (Paprika), Auberginen oder Zucchini gefüllt werden.
Das Ganze kann nach Belieben noch mit Käse
bestreut und mit Grillfunktion bei 230 Grad
5–7 Minuten überbacken werden.

Chicken Nuggets mit Ofen-Pommes-frites

Für 4 Personen

600 g Chicken Nuggets, frisch oder tiefgefroren
500 g Ofen-Pommes-frites

Die Chicken Nuggets und Ofen-Pommes-frites
auf der leicht gefetteten Dämpfeinlage im hoch-
randigen Blech verteilen.
Mit Intervallfunktion bei 230 Grad 25–30 Minuten garen.

Tipp:
Statt Chicken Nuggets kann man auf dieselbe
Art auch Fischstäbchen, panierte Schnitzel,
Cordons bleus oder Fischfilet im Bier- oder
Backteig zubereiten.

*Mit Hackfleisch gefüllte
Tomaten auf Reisbett*

«Knoblauch entwickelt einen
weniger durchdringenden Geschmack, wenn man die Zehen
halbiert und den grünen Spross
in der Mitte entfernt.»

Agnese Salmaso

Poulet sweet and sour mit Basmatireis

Für 4 Personen

400 g Pouletgeschnetzeltes

Marinade:
¼ TL Pfeffer
2 EL Sojasauce
2 EL Maisstärke (Maizena)

Sauce:
4 EL Zucker und 1 EL Wasser (oder ersatzweise
fertig gekaufter Karamellsirup)
200 ml Ananassaft
2 EL Maisstärke (Maizena)
2 EL Wasser
3 EL Ketchup
1 EL Sojasauce
½ TL frisch geriebener Ingwer
1 Knoblauchzehe, gepresst
Pfeffer, Salz

je 1 rote und gelbe Peperoni (Paprika)
2 Zwiebeln
2 Ananasscheiben

Basmatireis:
250 g Basmatireis
½ l Wasser
1 TL Salz

Die Zutaten zur Marinade in einer Schüssel vermischen. Das Pouletfleisch dazugeben, unter die Marinade ziehen und 30 Minuten marinieren. Anschliessend in eine Lochschale oder auf einen Siebeinsatz geben.

Für die Sauce den Zucker in einem Chromstahlpfännchen hellbraun karamellisieren, das Wasser dazugeben. Mit dem Ananassaft ablöschen und kurz aufkochen, bis sich der Karamell vollständig aufgelöst hat, auskühlen lassen.
Die Maisstärke mit dem Wasser in einem Schälchen verrühren. Zusammen mit den weiteren Zutaten zur Karamellsauce geben. Alles gut verrühren, abschmecken.
Die Peperoni entkernen und in Streifen schneiden. Die Zwiebeln schälen und ebenfalls in Streifen schneiden. Die Ananasscheiben in Stücke schneiden.
In vier Servierschalen jeweils Fleisch, Sauce und Gemüse mischen.
Die Zutaten zum Reis in ein Gargefäss geben und neben der Fleisch-Gemüse-Mischung 25 Minuten dampfgaren.

Tipp:
Ein schnelle, fettfreie und nährstoffschonende Zubereitung.

Poulet-Gemüse-Tandoori mit Basmatireis

Für 4 Personen

250 g Basmatireis
½ l Salzwasser oder Bouillon
500 g frisches Gemüse
4 Pouletbrüstchen

Tandoori-Sauce:
8 EL Tandoori-Paste
2 Becher (à 180 g) Joghurt nature
200 ml Milch
400 ml Rahm
Salz, Pfeffer

Den Reis mit Salzwasser oder Bouillon in eine Schüssel geben.
Das Gemüse rüsten, mundgerecht schneiden und in ein separates Gefäss mit Locheinsatz legen. Beides zusammen 10 Minuten dampfgaren.
Dann die Pouletbrüstchen auf einer Platte dazustellen und alles weitere 20 Minuten dampfgaren.
Inzwischen die Zutaten zur Tandoori-Sauce mischen und etwa 30 Minuten auf dem Herd bei mittlerer Hitze kochen. In eine Schüssel geben und mit Alufolie zugedeckt warm halten.
Das Poulet in Streifen oder Würfel schneiden und zusammen mit dem Gemüse in die Sauce geben.
Den Reis als Beilage dazu servieren.

Tipp:
Als Gemüse eine gefrorene Mischung von Karotten, Bohnen und Blumenkohl verwenden.
Frische Pouletbrüstchen 20 Minuten, gefrorene 30 Minuten dampfgaren.
Für eine sämige Sauce, diese mit Maisstärke (Maizena Express hell) binden.

Gemüsevariation mit Fleisch vom Blech

Verschiedene Gemüse (z. B. Wintergemüse wie Kartoffeln, Karotten, Sellerie, Lauch, Blumenkohl, Broccoli, Rosenkohl, Bohnen oder Sommergemüse wie Tomaten, Zucchetti, Auberginen)
Butter fürs Blech
geviertelte Pouletbrüstchen, Cipollata, Speckscheiben, aufgerollt
Filet mignon vom Kalb, Rind und/oder Schwein nach Belieben
Salz, Pfeffer
Kräuterbutter

Das Gemüse rüsten und nach Bedarf zerkleinern.
Im Dampf 20 Minuten vorgaren.
Ein hochrandiges Blech ausbuttern und die Gemüse darauf verteilen. Die Bohnen können auch in kleinen Bündeln mit Speck umwickelt werden.
Das Geflügelfleisch, die Cipollata und Speckröllchen zwischen das Gemüse stecken. Nach Belieben würzen und die Kräuterbutter in Flocken auf dem Gemüse verteilen.
Gemüse und Fleisch mit Intervallfunktion bei 180 Grad 30–40 Minuten garen.
Nach Belieben Filets mignons vor dem Servieren kurz in der Pfanne braten und auf dem Blech verteilen.

Tipp:
Ein attraktives Gericht für Gäste, das gut vorbereitet werden kann.
Man kann das Blech auf Rechauds direkt auf den Tisch stellen, so dass jeder Gast sich selbst bedienen kann.

Kalbsfilet mit Bärlauchkruste an Gewürztraminer-Sabayon

Für 4 Personen

600 g Kalbsfilet vom Mittelstück
4 Markknochen
20 g Bärlauch
3 EL gemahlene Haselnüsse
Olivenöl
Salz, Pfeffer, Zitronenpfeffer

1 kg weisse Spargeln
4 mittlere Kartoffeln

Sauce:
100 ml Gewürztraminer (Weisswein)
2 Eigelb

Das Mark aus den Knochen herauslösen, mit der Hälfte des Bärlauchs und den gemahlenen Haselnüssen im Cutter fein pürieren, mit Salz und Pfeffer abschmecken.
Die restlichen Bärlauchblätter auf einem Stück Alufolie auslegen. Das Fleisch mit Salz, Pfeffer und Olivenöl einreiben, auf die auf der Alufolie ausgebreiteten Bärlauchblätter legen, darin einwickeln und oben mehrmals einstechen.
Von den Spargeln werden nur die Spitzen (etwa 10 cm lang) verwendet. (Den Rest der Spargelstangen z.B. für eine Suppe verwenden.) Die Kartoffeln waschen und längs vierteln, zusammen mit den Spargeln in eine Garschale legen.
Das Fleisch und das Gemüse zusammen 18 Minuten dampfgaren.

Den Kleinflächengrill vorheizen.
In einer Bratpfanne wenig Olivenöl erhitzen und die Kartoffeln darin goldgelb braten, salzen.
Die Spargeln zugedeckt warm halten.
Das Fleisch mit der Bärlauchpaste bestreichen und bei 180 Grad unter dem Grill 8 Minuten überbacken.
Für die Sauce die Eigelbe mit dem Gewürztraminer über einem Wasserbad rühren, bis eine dickliche, schaumige Sauce entsteht. Mit Salz und Zitronenpfeffer abschmecken.
Fleisch, Spargeln und Kartoffeln auf vorgewärmten Tellern anrichten, den Sabayon über die Spargeln verteilen.

Schweinsfilet im Teig

Für 6 Personen

50 g Schinken
½ Bund Petersilie
3 EL Cognac
200 g Kalbsbrät
1 Schweinsfilet von etwa 600 g
150 g Rohschinken
1 Blätterteig, rechteckig ausgewallt (42 × 26 cm)
1 Eiweiss
1 Eigelb
Pfeffer

Schinken und Petersilie fein schneiden, mit dem Cognac und dem Kalbsbrät gut mischen.
Das Filet mit Pfeffer würzen, mit der Brätmasse bestreichen und mit dem Rohschinken umwickeln.
Das Filet auf den Teig legen und in diesen einschlagen. Eventuell überstehenden Teig abschneiden und für die Garnitur beiseite legen. Die Teigenden mit Eiweiss bestreichen und gut verschliessen. Die Teigoberfläche mit den Teigresten verzieren. Mit Eigelb bestreichen und mit einer Gabel mehrmals einstechen.
Mit Intervallfunktion bei 190 Grad 25–30 Minuten garen.

Tipp:

Das fertig zubereitete Filet im Teig vor dem Bestreichen mit Eigelb in Alufolie wickeln. Es lässt sich so etwa einen Monat im Tiefkühler lagern. Vor der Verwendung etwa 15 Stunden im Kühlschrank auftauen lassen. Mit Eigelb bestreichen und wie angegeben backen.

Geräucherter Schweinskarreebraten

Für 6 Personen

1 kg geräuchertes Schweinskarree
1 EL scharfer Senf
1 EL flüssiger Honig
3 EL Chiliöl
2 Knoblauchzehen, gepresst
1 EL Rosmarinnadeln
1 TL Zitronenpfeffer

Das Fleisch über Nacht in kaltes Wasser einlegen. Herausheben, mit Küchenpapier abtrocknen und in eine feuerfeste Form legen.
Die restlichen Zutaten gut verrühren und das Fleisch damit bestreichen.
Das Fleisch mit Intervallfunktion bei 160 Grad 1½ Stunden garen. Dann die Ofentüre öffnen und die Temperatur auf rund 70 Grad absinken lassen. Das Fleisch weitere 40 Minuten dampfgaren.

Tipp:

Es lohnt sich, ein grösseres Stück Fleisch zuzubereiten. Es schmeckt auch kalt aufgeschnitten hervorragend.

«Werden Kerne, zum Beispiel
Pinien-, Sonnenblumen- oder
Kürbiskerne, ohne Fettzugabe
in einer Bratpfanne geröstet,
entwickelt sich ihr Aroma ganz
besonders.»

Annamarie Basler

Waadtländer Eintopf

Für 4 Personen

600 g Weisskohl (Kabis)
2 Stangen Lauch
1–2 Zwiebeln
4 Kartoffeln
1 Bund Petersilie
1 Waadtländer Saucisson
$\frac{1}{2}$ TL Kümmel
1 Prise Muskatnuss
1 Prise Nelkenpulver
Salz, Pfeffer aus der Mühle

Weisskohl und Lauch rüsten und in 1 cm breite Streifen schneiden. Die Zwiebeln hacken. Die Kartoffeln in dünne Scheiben schneiden und die Petersilie fein hacken.
Die Saucisson häuten und in Stücke schneiden. Sämtliche Zutaten gut mischen, würzen und in eine Gratinform geben. 30–35 Minuten dampfgaren.

Spargel und Kartoffeln, überbacken, mit Rohschinken

Für 4 Personen

$\frac{1}{2}$ Bund grüne oder weisse Spargeln
6–8 neue Kartoffeln
50 ml Noilly Prat (trockener Wermut)
50 ml Weisswein
100 ml kräftige Gemüsebouillon
Salz, Pfeffer

50 g in Öl eingelegte Dörrtomaten
1 Bund glatte Petersilie
25 g Pinienkerne
2 Knoblauchzehen

8 Tranchen Rohschinken

Die Spargeln rüsten, das holzige Ende wegschneiden. Die Spargelstangen in Stücke schneiden und in eine Garschale geben. Die Kartoffeln waschen, in Schnitze schneiden und beigeben. Noilly Prat, Weisswein und Bouillon mischen und darüber giessen. Mit Salz und Pfeffer würzen.
Mit Intervallfunktion bei 200 Grad 20 Minuten garen.
Die Dörrtomaten klein schneiden, Petersilie und Pinienkerne hacken, den Knoblauch durchpressen. Alle Zutaten mischen, mit Salz und Pfeffer würzen und über die Spargeln und Kartoffeln streuen. Den Rohschinken, nach Belieben aufgerollt, als Garnitur darüber verteilen.
Mit Intervallfunktion bei 200 Grad weitere 10–15 Minuten garen.

Tipp:
Mit einem frischen Salat eine vollwertige Mahlzeit.

Schinken in Brotteig

Für 6 Personen

Teig:
400 g Ruchmehl
100 g Weissmehl
10 g Salz
20 g Frischhefe oder 1 Päckchen Trockenhefe
350 ml Wasser

1–1,2 kg Schinken aus der Nuss, geräuchert

Die Hefe in etwas Wasser auflösen, mit den restlichen Zutaten zu einem elastischen Teig kneten. Den Teig zugedeckt 1 Stunde ruhen lassen, während dieser Zeit zwei- bis dreimal zusammenschlagen.
Für die Verzierung vom Teig 200 g abnehmen, auswallen und für den Kopf eine Teigrondelle von 10 cm Durchmesser, für das Maul eine von 2 cm Durchmesser, für die Augen zwei von 1,5 cm Durchmesser und für die Ohren zwei von 8 cm Durchmesser ausstechen; aus dem restlichen Teig das Schwänzchen formen. Die Teigplatte für den Kopf mit Wasser befeuchten, die anderen Teile aufsetzen und das Ganze in den Kühlschrank legen.
Den restlichen Teig rund formen, flach drücken und mit dem Teigroller etwas auswallen. Den Schinken in den Teig einschlagen, gut verschliessen und mit der Naht nach unten auf ein Backblech legen.
Die Teigoberfläche leicht mit Wasser bestreichen, den vorbereiteten Schweinekopf aufsetzen und alles leicht mit Mehl bestäuben. Rund 20 Minuten im kalten geschlossenen Ofen ruhen lassen. Mit Intervallfunktion bei 180 Grad auf der mittleren Rille 50–60 Minuten backen.
Zum Servieren das Brot aufschneiden.

Spargel-Lasagne mit Rohschinken

Für 4 Personen

Béchamelsauce:
20 g Butter
20 g Mehl
$^{1}/_{2}$ l Milch
1 TL Salz
Salz, Pfeffer, Muskatnuss

$1^{1}/_{2}$ kg Spargeln
12–15 frische Lasagneteigblätter
150 g Rohschinken

Für die Béchamelsauce die Butter in einer Pfanne schmelzen, das Mehl beifügen und zu einem Kloss rühren. Die Milch dazugiessen und unter ständigem Rühren zum Kochen bringen. Mit Salz, Pfeffer und Muskat abschmecken.
Die Spargeln rüsten, das holzige Ende wegschneiden. 30 Minuten dampfgaren.
Schichtweise Béchamelsauce, Spargeln, Rohschinken und Lasagneteigblätter in eine Gratinform verteilen, mit Béchamelsauce abschliessen. Die Lasagne mit Intervallfunktion bei 180 Grad 20 Minuten garen.

Tipps:

Um der Lasagne Farbe und eine goldene Kruste zu geben, kann man sie am Schluss bei 230 Grad mit Grillfunktion noch einige Minuten überbacken.
Nach Wunsch zwischen den einzelnen Schichten noch geriebenen Käse verteilen.

Rindsragout mit Tomaten und schwarzen Oliven

Für 4 Personen

500 g Rindsragout, in nicht zu grosse Würfel geschnitten

1 EL Olivenöl

1 EL Bratbutter

300 g Dosentomaten (Pelati)

40 g schwarze Oliven

1 Zwiebel, gehackt

2 Knoblauchzehen, gepresst

1 Lorbeerblatt

2 Nelken

1 EL Tomatenpüree

100 ml Rotwein, mit 2 TL Maizena vermischt

100 ml kräftige Rindsbouillon

In einer Bratpfanne die Bratbutter und das Olivenöl erhitzen. Das Fleisch portionenweise darin anbraten.

Die restlichen Zutaten in eine hitzebeständige Form geben, das angebratene Fleisch beifügen und alles gut mischen.

Mit Intervallfunktion bei 180 Grad 30 Minuten schmoren. Die Backofentür öffnen und die Temperatur etwas absinken lassen, dann das Ragout noch weitere 60 Minuten – zusammen mit der Polenta (siehe Rezept Seite 88) – mit Dampfgarfunktion fertig schmoren.

Lammeintopf Ali Baba

Für 4 Personen

800 g Lammragout (oder ersatzweise Rindsragout)

800 g Weisskohl (Kabis), grob geschnitten

200 g Zwiebeln, grob geschnitten

4 Knoblauchzehen, gehackt

1 TL Kümmel

50 g Rosinen

1 EL gehackte Pfefferminzblätter

1 EL gehackte Korianderblätter

1 Briefchen Safran

2 EL Hühnerbouillongranulat

1 EL Currypulver

1 EL Zucker

1 TL Zimt

1 EL Harissa

200 g Couscous

Salz, Pfeffer

250 g Joghurt nature

Alle Zutaten bis und mit dem Harissa mischen und in eine Garschale geben. 90 Minuten dampfgaren.

Dann das Couscous darunter mischen und weitere 20–25 Minuten dampfgaren. Mit Salz und Pfeffer abschmecken.

Den Joghurt verrühren und separat dazu servieren.

Rindsragout mit Tomaten und schwarzen Oliven

Rindsragout mit Tomaten und schwarzen Oliven

Für 4 Personen

500 g Rindsragout, in nicht zu grosse Würfel
geschnitten
1 EL Olivenöl
1 EL Bratbutter
300 g Dosentomaten (Pelati)
40 g schwarze Oliven
1 Zwiebel, gehackt
2 Knoblauchzehen, gepresst
1 Lorbeerblatt
2 Nelken
1 EL Tomatenpüree
100 ml Rotwein, mit 2 TL Maizena vermischt
100 ml kräftige Rindsbouillon

In einer Bratpfanne die Bratbutter und das
Olivenöl erhitzen. Das Fleisch portionenweise
darin anbraten.
Die restlichen Zutaten in eine hitzebeständige
Form geben, das angebratene Fleisch beifügen
und alles gut mischen.
Mit Intervallfunktion bei 180 Grad 30 Minuten
schmoren. Die Backofentür öffnen und die Temperatur etwas absinken lassen, dann das Ragout
noch weitere 60 Minuten – zusammen mit der
Polenta (siehe Rezept Seite 88) – mit Dampfgarfunktion fertig schmoren.

Lammeintopf Ali Baba

Für 4 Personen

800 g Lammragout (oder ersatzweise
Rindsragout)
800 g Weisskohl (Kabis), grob geschnitten
200 g Zwiebeln, grob geschnitten
4 Knoblauchzehen, gehackt
1 TL Kümmel
50 g Rosinen
1 EL gehackte Pfefferminzblätter
1 EL gehackte Korianderblätter
1 Briefchen Safran
2 EL Hühnerbouillongranulat
1 EL Currypulver
1 EL Zucker
1 TL Zimt
1 EL Harissa

200 g Couscous
Salz, Pfeffer
250 g Joghurt nature

Alle Zutaten bis und mit dem Harissa mischen
und in eine Garschale geben. 90 Minuten
dampfgaren.
Dann das Couscous darunter mischen und
weitere 20–25 Minuten dampfgaren. Mit Salz
und Pfeffer abschmecken.
Den Joghurt verrühren und separat dazu
servieren.

Rindsragout mit Tomaten und schwarzen Oliven

Rindsfilet aus de
Dampfgarer

Für 4 Personen

800 g Rindsfilet
Olivenöl
Salz, Pfeffer

Das Rindsfilet mit dem Oli
würzen und in Alufolie ge
schale legen.
Die Dampfgarfunktion ein
bei 52 Grad Kerntempera
«saignant», also blutig, be
temperatur ist es «mediu
gebraten, mit einem rosa
Kerntemperatur ist es «à
gehend rosa.

Tipps:

Falls Beilagen mitgegart
Richtwert, dass das Fleis
ratur von 55 Grad zu err
braucht.
Wenn die gewünschte K
gegeben wird, findet be
Dampfabbauphase statt.

Einige Hinweise zu Mengen-angaben pro Person:
Reis (ungekocht): 50 g
Teigwaren (ungekocht): 60 g
Kartoffeln (je nach Gericht):
150–200 g
Gemüse: 150–200 g
Fleisch, gehackt, geschnitten,
Schnitzelchen: 100–120 g
Braten oder Fleisch mit
Knochen: 150–170 g
Fisch, pfannenfertige Filets:
150 g, Tranchen mit Mittel-
knochen: 200 g,
ganze Fische: 250 g

Martina Mendoza

Rindsragout mit Tomaten und schwarzen Oliven

Für 4 Personen

500 g Rindsragout, in nicht zu grosse Würfel
geschnitten
1 EL Olivenöl
1 EL Bratbutter
300 g Dosentomaten (Pelati)
40 g schwarze Oliven
1 Zwiebel, gehackt
2 Knoblauchzehen, gepresst
1 Lorbeerblatt
2 Nelken
1 EL Tomatenpüree
100 ml Rotwein, mit 2 TL Maizena vermischt
100 ml kräftige Rindsbouillon

In einer Bratpfanne die Bratbutter und das
Olivenöl erhitzen. Das Fleisch portionenweise
darin anbraten.
Die restlichen Zutaten in eine hitzebeständige
Form geben, das angebratene Fleisch beifügen
und alles gut mischen.
Mit Intervallfunktion bei 180 Grad 30 Minuten
schmoren. Die Backofentür öffnen und die Temperatur etwas absinken lassen, dann das Ragout
noch weitere 60 Minuten – zusammen mit der
Polenta (siehe Rezept Seite 88) – mit Dampfgarfunktion fertig schmoren.

Lammeintopf Ali Baba

Für 4 Personen

800 g Lammragout (oder ersatzweise
Rindsragout)
800 g Weisskohl (Kabis), grob geschnitten
200 g Zwiebeln, grob geschnitten
4 Knoblauchzehen, gehackt
1 TL Kümmel
50 g Rosinen
1 EL gehackte Pfefferminzblätter
1 EL gehackte Korianderblätter
1 Briefchen Safran
2 EL Hühnerbouillongranulat
1 EL Currypulver
1 EL Zucker
1 TL Zimt
1 EL Harissa

200 g Couscous
Salz, Pfeffer
250 g Joghurt nature

Alle Zutaten bis und mit dem Harissa mischen
und in eine Garschale geben. 90 Minuten
dampfgaren.
Dann das Couscous darunter mischen und
weitere 20–25 Minuten dampfgaren. Mit Salz
und Pfeffer abschmecken.
Den Joghurt verrühren und separat dazu
servieren.

Rindsragout mit Tomaten und schwarzen Oliven

Rindsfilet aus dem Dampfgarer

Für 4 Personen

800 g Rindsfilet
Olivenöl
Salz, Pfeffer

Das Rindsfilet mit dem Olivenöl bepinseln, würzen und in Alufolie gewickelt in eine Garschale legen.
Die Dampfgarfunktion einstellen:
bei 52 Grad Kerntemperatur ist das Fleisch «saignant», also blutig, bei 55 Grad Kerntemperatur ist es «medium», also halb durchgebraten, mit einem rosa Kern, bei 60 Grad Kerntemperatur ist es «à point», also durchgehend rosa.

Tipps:
Falls Beilagen mitgegart werden sollen, gilt als Richtwert, dass das Fleisch, um eine Kerntemperatur von 55 Grad zu erreichen, 20–25 Minuten braucht.
Wenn die gewünschte Kerntemperatur eingegeben wird, findet beim Dampfgaren keine Dampfabbauphase statt.

Getrüffeltes Rindsfilet mit Koriander-Zabaione

Zum edlen Fleisch eine edle Variante

Das Rindsfilet mit klein geschnittener Trüffel (Brunoise) spicken und die Alufolie mit Trüffelöl bestreichen.
Garen wie im Rezept links angegeben.

Dazu eignet sich vorzüglich eine Koriander-Zabaione:

2 Eigelb
100 ml Prosecco
2 Stengel Koriander
einige Spritzer Limonensaft
Salz, Pfeffer

Die Zutaten zur Zabaione mischen und über dem Wasserbad schaumig schlagen.
Vom Koriander die Blätter abzupfen und zur Zabaione geben, mit Salz, Pfeffer und Limonensaft abschmecken.
Das Rindsfilet in Scheiben schneiden und mit der à la minute zubereiteten Zabaione anrichten.
Sofort servieren.

Rindsragout mit Tomaten und schwarzen Oliven

Für 4 Personen

500 g Rindsragout, in nicht zu grosse Würfel geschnitten
1 EL Olivenöl
1 EL Bratbutter
300 g Dosentomaten (Pelati)
40 g schwarze Oliven
1 Zwiebel, gehackt
2 Knoblauchzehen, gepresst
1 Lorbeerblatt
2 Nelken
1 EL Tomatenpüree
100 ml Rotwein, mit 2 TL Maizena vermischt
100 ml kräftige Rindsbouillon

In einer Bratpfanne die Bratbutter und das Olivenöl erhitzen. Das Fleisch portionenweise darin anbraten.
Die restlichen Zutaten in eine hitzebeständige Form geben, das angebratene Fleisch beifügen und alles gut mischen.
Mit Intervallfunktion bei 180 Grad 30 Minuten schmoren. Die Backofentür öffnen und die Temperatur etwas absinken lassen, dann das Ragout noch weitere 60 Minuten – zusammen mit der Polenta (siehe Rezept Seite 88) – mit Dampfgarfunktion fertig schmoren.

Lammeintopf Ali Baba

Für 4 Personen

800 g Lammragout (oder ersatzweise Rindsragout)
800 g Weisskohl (Kabis), grob geschnitten
200 g Zwiebeln, grob geschnitten
4 Knoblauchzehen, gehackt
1 TL Kümmel
50 g Rosinen
1 EL gehackte Pfefferminzblätter
1 EL gehackte Korianderblätter
1 Briefchen Safran
2 EL Hühnerbouillongranulat
1 EL Currypulver
1 EL Zucker
1 TL Zimt
1 EL Harissa

200 g Couscous
Salz, Pfeffer
250 g Joghurt nature

Alle Zutaten bis und mit dem Harissa mischen und in eine Garschale geben. 90 Minuten dampfgaren.
Dann das Couscous darunter mischen und weitere 20–25 Minuten dampfgaren. Mit Salz und Pfeffer abschmecken.
Den Joghurt verrühren und separat dazu servieren.

Rindsragout mit Tomaten und schwarzen Oliven

«Beim Erhitzen von wasser-
haltigem Fettstoff eine Prise Salz
beigeben, dann spritzt es nicht.»

Susanne Althaus

«Zum Aufwärmen von Gerichten
diese für 15 Minuten bei
110 Grad mit Intervallfunktion
auf der obersten Rille einschieben. Anschliessend direkt auf
Kleinflächengrill umschalten und
5 Minuten gratinieren.»

Esther Furrer

Rindfleischgulasch Stroganoff

Für 4 Personen

2 Schalotten
250 g Champignons
1 rote Peperoni (Paprika)
2 kleine Salzgurken
20 g Butter
1 TL scharfes Paprikapulver
150 ml Rotwein
150 ml Kalbsfond oder Bouillon
4 EL Tomatenpüree
200 ml Crème fraîche
Maisstärke (Maizena Express)
600 g Rindfleisch zum Braten à la minute
Bratbutter
Cayennepfeffer, Salz, Pfeffer

Bouillonreis:
200 g Reis
200 g Bouillon

Für die Sauce die Schalotten schälen und fein
hacken. Die Champignons waschen und in
Scheiben schneiden. Die Peperoni halbieren,
entkernen und würfeln. Die Gurken würfeln.
Die Butter schmelzen, die Schalotten darin hellgelb dünsten. Champignons, Peperoni und Gurkenwürfel beifügen und dünsten. Den Paprika
einstreuen und gut darunter mischen. Den Rotwein und den Kalbsfond dazugiessen. Das Tomatenpüree einrühren. Alles auf grossem Feuer auf

die Hälfte einkochen lassen. Die Crème fraîche
zur Sauce geben und diese pikant mit Cayennepfeffer würzen. Mit wenig Maisstärke binden,
bis eine dickflüssige Sauce entsteht.
Das Fleisch in gut daumendicke Streifen schneiden. Mit Salz und Pfeffer würzen. In 2–3 Portionen in sehr heisser Bratbutter anbraten.
Das Fleisch in einen Bräter geben und mit der
Sauce übergiessen. Mit Alufolie abdecken und
mit Intervallfunktion bei 150 Grad etwa 50 Minuten garen.
Den Reis mit der Bouillon mischen und 30–35
Minuten dampfgaren (das Fleisch kann dabei
im Ofen belassen werden).

Tipp:
Zugleich mit dem Reis kann man noch Gemüse
garen.

VEGETARISCHE GERICHTE UND BEILAGEN

«Zwiebelschneiden (fast) ohne Tränen: Beim Schneiden einen Schluck Wasser im Mund behalten (dabei aber bitte nicht sprechen).»

Anita Strebel

Gemüsewähe

Für ein rundes Kuchenblech von rund
30 cm Durchmesser

Teig:
250 g Weissmehl
125 g Butter oder Margarine, kalt
5 g Salz
65 ml Wasser

je 125 g Blumenkohl, Kohlrabi, Karotten, Lauch
100 g Peperoni (Paprika)

Guss:
25 g Weissmehl
1 Ei (50 g)
150 ml Milch
150 ml Rahm
Salz, Pfeffer, Muskatnuss

70 g geriebener Käse

Für den Teig Mehl, Butter oder Margarine und
Salz mischen, bis alles eine streuselartige Konsis-
tenz hat. Das Wasser dazugeben und kurz kneten.
Den Teig zur Kugel formen, in Klarsichtfolie
wickeln und mindestens 1 Stunde kühl stellen.
Die Gemüse rüsten. Den Blumenkohl in kleine
Röschen teilen, Kohlrabi, Karotten, Lauch und
Peperoni in 1 cm grosse Würfel beziehungsweise
Rädchen schneiden. Alles zusammen 20 Minuten
dampfgaren, anschliessend abkühlen lassen.
Für den Guss das Mehl mit dem Ei gut verrühren
und mit den restlichen Zutaten vermischen.
Das Blech einfetten, mit dem Kuchenteig aus-
legen, das Gemüse darauf verteilen und den Guss
darüber giessen. Gleichmässig mit geriebenem
Käse bestreuen.
Im auf 200 Grad vorgeheizten Ofen auf der un-
tersten Rille auf Pizzastufe 30 Minuten backen.

Spinatcannelloni

Für 6 Personen

1 Packung Lasagneteigblätter

Füllung:
300 g tiefgekühlter, gehackter Spinat,
aufgetaut und abgetropft
5 Scheiben Schinken oder 125 g Speckwürfelchen,
nach Belieben
1 Zwiebel
1 EL Butter oder Öl
2 Eigelb
120 g geriebener Sbrinz oder Parmesan
450 g Halbfettquark
Salz, Pfeffer, frisch geriebene Muskatnuss

180 ml Halbrahm

Die Lasagneteigblätter mit Wasser bedeckt in
eine Garschale geben.
Den Schinken fein würfeln. Schinken- oder
Speckwürfelchen unter den Spinat mischen. Mit
Salz, Pfeffer und frisch geriebener Muskatnuss
würzen und in eine zweite Garschale geben.
Beides zusammen etwa 15 Minuten dampfgaren.
Die Zwiebel fein hacken und kurz in etwas
Butter oder Öl andünsten. Leicht abkühlen
lassen, dann die Eigelbe, 80 g vom geriebenen
Käse und den Quark darunter mischen.
Die Lasagneteigblätter auslegen, mit der Füllung
bestreichen, aufrollen und in eine gefettete
Gratinform setzen. Den Halbrahm darüber
giessen und mit dem restlichen geriebenen
Parmesan bestreuen.
Mit Intervallfunktion bei 180 Grad auf der
mittleren Rille 30 Minuten backen.

Tipp:
Dazu passt sehr gut eine Tomatensauce
und/oder ein Salat.

Hirsotto

Für 4 Personen

1 Tasse Goldhirse
2 Tassen Gemüsebouillon
1 Frühlingszwiebel mit Grün, geschnitten
1 EL Curry
100 g gehackte Datteln
1 Briefchen Safran
50 g Butter in Flocken
50 g geriebener Sbrinz

Alle Zutaten mischen und in eine Garschale geben. 50 Minuten dampfgaren.

Tipp:
Passt vorzüglich zu Lamm, Gitzi und allen Saucengerichten.

Gedämpfte Gemüsegarnitur

Für 6–7 Personen

350 g gemischtes Gemüse, z. B. Blumenkohl, Broccoli, Kohlrabi, Zucchetti
frische Kräuter und/oder Gewürze
50 g gesalzene Butter, flüssig

Das Gemüse in mundgerechte Stücke schneiden und in eine Lochschale oder auf einen Siebeinsatz legen. Mit den Kräutern und/oder Gewürzen bestreuen.
Das Gemüse etwa 25 Minuten dampfgaren.
Mit der flüssigen Butter beträufeln.

Gedämpftes mediterranes Gemüse

Für 4 Personen

2 Zucchetti
1 Aubergine
1 gelbe Peperoni (Paprika)
3 Tomaten
1 Zwiebel
2 Knoblauchzehen
Basilikum, Rosmarin, Bohnenkraut, Salbei, frisch oder getrocknet
Salz, Pfeffer
Olivenöl zum Beträufeln

Die Zucchetti in Stengelchen, die Aubergine in Scheiben schneiden und dann vierteln. Die Peperoni halbieren, entkernen und in Streifen schneiden. Die Tomaten schälen, entkernen und in Würfel schneiden. Zwiebel, Knoblauch und die Kräuter fein schneiden.
Alle Zutaten mischen, mit Salz und Pfeffer würzen und mit Olivenöl beträufeln.
25 Minuten dampfgaren.

Gedämpftes mediterranes Gemüse

«Die Funktionen Dampfgaren und Intervallgaren sind neu in der Haushaltsküche. Für ein gutes Gelingen heisst es daher auch hier wie anderswo: üben, üben, üben . . . »

«Für einen effizienten Einsatz des Geräts schauen Sie bei Ihrer Menüplanung immer voraus. Bereiten Sie ein Gericht zu, können Sie im gleichen Dampfgang zum Beispiel auch noch Kartoffeln in der Schale oder Eier mit einschieben. So haben Sie für den nächsten Tag bereits vorgekocht.»

Luisa Spiegel

Gemüse-Stroganoff

Für 4 Personen

Sauce:

2 Schalotten

250 g Champignons

1 rote Peperoni (Paprika)

2 kleine Salzgurken

20 g Butter

1 TL scharfer Paprika

150 ml Rotwein

150 ml Gemüsebouillon

4 EL Tomatenpüree

200 ml Crème fraîche

Cayennepfeffer

Maisstärke (Maizena Express)

500 g Mischgemüse (z. B. Karotten, Zucchetti, Blumenkohl, Broccoli, Peperoni)

Salz, Pfeffer

200 g Wildreis

200 g Bouillon

Für die Sauce die Schalotten schälen und fein hacken. Die Champignons waschen und in Scheiben schneiden. Die Peperoni halbieren, entkernen und würfeln. Die Gurken ebenfalls würfeln.

Die Butter schmelzen. Die Schalotten darin hellgelb dünsten. Champignons, Peperoni und Gurkenwürfel beifügen und auf grossem Feuer 2 Minuten dünsten. Den Paprika darüber streuen und gut untermischen. Rotwein und Gemüse- bouillon dazugiessen, das Tomatenpüree ein-

rühren und alles bei grosser Hitze auf die Hälfte einkochen lassen.

Die Crème fraîche zur Sauce geben und diese pikant mit Cayennepfeffer abschmecken.

Die Gemüse in gleichmässig grosse Stücke schneiden. Mit Salz und Pfeffer würzen.

Den Reis mit der Bouillon mischen und zusam- men mit dem Gemüse 30–35 Minuten dampf- garen, bis der Reis gar und das Gemüse knackig weich ist.

Das Gemüse unter die Stroganoffsauce mischen und zusammen mit dem Reis servieren.

 _gut_

Zubereitung mit dem Tipp

Nudelauflauf mit Steinpilzen

Für 4 Personen

320 g Eiernudeln
400 g frische oder 40–50 g getrocknete Steinpilze
1 Zwiebel
1 Knoblauchzehe
30 g Butter
150–200 g Schinken, nach Belieben
100 g rezenter Greyerzer, gerieben
100 g rezenter Appenzeller, gerieben
Salz, Pfeffer, Muskatnuss und Paprika

Butter für die Form

Guss:
200 ml Milch
200 ml Rahm
1 Ei

Die Pilze säubern und in zentimetergrosse
Würfel schneiden (getrocknete Pilze etwa
1 Stunde in Wasser einlegen).
Zwiebel und Knoblauch fein hacken. In einer
Pfanne die Butter erhitzen und darin die Zwiebel
und den Knoblauch andünsten. Die Pilze beifügen und auf schwachem Feuer 10 Minuten wei-
terdünsten. Den Schinken in Streifen schneiden,
beifügen und nochmals 2 Minuten dünsten. Mit
Salz und Pfeffer abschmecken.
Die Nudeln in Salzwasser knapp weich kochen,
abgiessen und mit kaltem Wasser abschrecken.
Eine Gratinform ausbuttern.

Für den Guss Milch, Rahm und Ei gut verrühren.
Die Nudeln mit den Pilzen und dem Schinken
sowie dem geriebenen Käse mischen. In die
Gratinform füllen und mit dem Guss bedecken.
Nochmals mit wenig Käse bestreuen und mit
etwas flüssiger Butter beträufeln.
Mit Intervallfunktion bei 170 Grad auf der
mittleren Rille etwa 40 Minuten goldgelb überbacken und sofort servieren.

Tipp:
Zusammen mit einem Salat eine feine Mahlzeit.

evtl. etwas kürzer in den Backofen, da oberste Schicht sehr "cross"

«Bei Flans ergibt das Eiweiss die
starke Bindung, das Eigelb sorgt
für die cremige Konsistenz.»

Gisela Utzinger

Kartoffelflans oder -terrine

Für 8 Personen als Vorspeise
oder 4 Personen als Hauptmahlzeit

1 Packung Stocki

50 g Speckwürfelchen, nach Belieben
100 g Butter in Flocken
2 Eigelb
2 Eier
1 EL fein geschnittener Schnittlauch
50 g geriebener Sbrinz
Salz, Pfeffer, Muskatnuss

Das Stocki-Kartoffelpüree nach Packungsanleitung zubereiten.
Die Speckwürfelchen anbraten. Zusammen mit allen weiteren Zutaten zum Kartoffelpüree geben und gut mischen.
Eine Terrinenform oder Souffléförmchen mit Klarsichtfolie auslegen, die Masse einfüllen und mit Folie bedecken.
45 Minuten dampfgaren.
Warm oder kalt mit Salat und frischem Brot servieren.

Tipp:
Die Kartoffelflans oder -terrine kann man auch aus Resten von Kartoffelstock (-püree) zubereiten.

Steinpilzrisotto

20–30 g getrocknete Steinpilze
300 ml Weisswein
2 TL Salz
300 g Reis (Arborio)
1 grosse Zwiebel, fein geschnitten
700 ml Wasser

120 g geriebener Parmesan

Die Steinpilze etwa 15 Minuten im Weisswein mit dem Salz einweichen.
Zusammen mit den übrigen Zutaten in eine Gratinform geben, verrühren und 35 Minuten dampfgaren.
Den Parmesan darunter ziehen und servieren.

Tipps:
Auf dieselbe Art kann man einen Gemüserisotto oder einen Risotto mit Gorgonzola zubereiten.
Nach Belieben am Schluss mit etwas geschlagenem Rahm verfeinern.

Serviettenknödel

Für 4–6 Personen

8 Brötchen oder anderes Weissbrot vom Vortag
¼ l warme Milch
6 Eier
100 g Butter
1 TL Salz
1 Messerspitze Muskatnuss
Pfeffer
1 Zwiebel
gehackte Petersilie

Die Brötchen oder das Weissbrot in sehr kleine
Würfel schneiden und in der Milch einweichen.
Eier und Butter schaumig schlagen. Die Gewürze
dazugeben.
Die Zwiebel hacken und in etwas Butter andüns-
ten, die Petersilie dazugeben und kurz anziehen.
Alles zum eingeweichten Brot geben und gründ-
lich mischen, so dass ein Teig entsteht.
In eine kleine längliche Silikonbackform (von
etwa 4 cm Breite und Höhe) füllen und 45
Minuten dampfgaren.
Aus der Form stürzen und in Scheiben schnei-
den.

Tipps:
Passt als Beilage zu geschmortem Fleisch.
Es ist wichtig, den Serviettenknödel in einer
Form mit relativ kleinem Durchmesser zu garen,
da er sonst zu teigig wird.

Kräuterspätzli

Für 4 Personen

400 g fertige frische Spätzli
1 TL Bouillonpulver
1–2 EL frisch gehackte Kräuter
20 g Butter

Die Spätzli locker in eine Garschale verteilen.
Das Bouillonpulver und die Kräuter darüber
streuen, etwas unter die Spätzli mischen. Die
Butter in Flocken darüber verteilen.
30 Minuten dampfgaren.

Tipp:
Für Käsespätzli zuletzt geriebenen Käse unter die
Spätzli mischen und unter dem Kleinflächengrill
2 Minuten überbacken.

Kräuterspätzli

«Mit entsprechender Erfahrung werden Sie immer genau die richtige Menge Wasser zugeben. Beim Dampfgaren gilt: Für eine Garzeit von 30 Minuten braucht es rund ½ Liter Wasser, für 45 Minuten ¾ Liter. Beim Intervallgaren sind 200 Milliliter Wasser immer ausreichend.»

Esther Rüfenacht

Blätterteig-Gemüsetaschen an Safransauce

Für 6 Personen

400 g Gemüse (Lauch, Karotten, Sellerie, Fenchel)
20 g Butter
50 ml Bouillon
Sojasauce
1 TL Mehl
Salz, Pfeffer

1 rechteckig ausgerollter Blätterteig
Ei zum Bestreichen

Sauce:
1 mittelgrosse Zwiebel
20 g Butter
1 TL Mehl
100 ml Weisswein
100 ml Bouillon
2 Briefchen Safran
Salz, grob gemahlener Pfeffer
100 ml Vollrahm
1 EL Pernod (Anisschnaps)

Das Gemüse rüsten und in dünne Streifen schneiden.
Die Butter in einer Pfanne schmelzen, das Gemüse darin kurz andünsten, mit Bouillon und wenig Sojasauce ablöschen, die Flüssigkeit einkochen. Das Gemüse darf nicht zu weich sein. Mit wenig Mehl binden, mit Salz und Pfeffer abschmecken. Auskühlen lassen.

Den Teig auf Backpapier in sechs Quadrate schneiden. Das Gemüse auf die Teigstücke verteilen. Die Ränder mit Ei bestreichen und über die Füllung schlagen. Mit einer Gabel die Ränder gut andrücken und die Teigtaschen oben einstechen. Mit Ei bestreichen und kurz kühl stellen.
Die Teigtaschen auf dem Backpapier im vorgeheizten Ofen mit Heissluft bei 200 Grad oder ohne Vorheizen mit Intervallfunktion bei 190 Grad etwa 25 Minuten backen.
Für die Sauce die Zwiebeln fein schneiden und in der Butter andünsten, das Mehl darunter rühren, mit Weisswein und Bouillon ablöschen. Den Safran dazugeben, mit Pfeffer und Salz würzen und etwa 5 Minuten köcheln lassen.
Zuletzt mit dem Rahm verfeinern und mit dem Pernot abschmecken. Die Sauce nicht mehr kochen lassen.
Die Safransauce zu den Gemüsetaschen anrichten.

Tipp:
Zusätzlich zum Gemüse kann man die Füllung noch mit wenig geschnetzeltem Pouletfleisch bereichern. Das Fleisch dazu anbraten, mit Currypulver bestäuben und mit Weisswein ablöschen, diesen reduzieren und alles mit dem Gemüse mischen.

Rosmarinkartoffeln

Für 4 Personen

1 kg Kartoffeln
1 EL fein geschnittener Rosmarin
Butterflocken
8 Scheiben Bratspeck (2 cm dick), nach Belieben

Die Kartoffeln schälen, in Würfel schneiden. Mit dem Rosmarin mischen und auf einem Backblech verteilen. Butterflocken darüber streuen. Das Blech mit den Kartoffeln auf der mittleren Rille, den Grillrost mit den Speckscheiben auf der obersten Rille einschieben. Mit Intervallfunktion bei 200 Grad 30 Minuten garen.

Tipp:
Getrockneten Rosmarin vor Gebrauch etwa 10 Minuten in Wasser einlegen.

Gebratene frische Kastanien

Kastanien auf der gewölbten Seite über Kreuz einschneiden und auf das Backblech verteilen. Mit Intervallfunktion bei 200 Grad 20–30 Minuten rösten. Sie lassen sich dann sehr gut schälen.

Rosmarin-Polenta

Für 6–7 Personen

350 ml Bouillon
350 ml Milch
220 g grober Bramatamais
2 EL gehackter Rosmarin oder 2 Rosmarinzweige
150 ml Rahm
60 g geriebener Parmesan

Bouillon und Milch in eine hitzbeständige Form geben und den Mais einrühren.
Den Rosmarin fein hacken und ebenfalls beigeben.
50 Minuten dampfgaren (nicht zudecken).
Den Rahm und den Parmesan unter die Polenta mischen und etwa 10 Minuten ruhen lassen.

Variante:
Von der fertig gekochten Polenta Klösschen abstechen, in eine gefettete Gratinform schichten, mit Hobelkäse belegen und mit geschlagenem Rahm überziehen. Unter dem heissen Backofengrill gratinieren.

DESSERTS

Bunèt
Piemontesischer Schokolade-Karamell-Pudding

Für 6 Förmchen von 150 ml Inhalt

120 g Zucker
1 Tasse Espresso

60 g Kochschokolade
6 Eier
700 ml Milch
200 g Amaretti

80 g Zucker karamellisieren, mit dem Espresso ablöschen und einreduzieren lassen, bis eine leicht gebundene Masse entstanden ist.
Die Förmchen mit der Karamellmasse ausgiessen, indem man sie dreht, bis sie damit überzogen sind.
Die Schokolade schmelzen. Mit den restlichen 40 g Zucker verrühren. Die verklopften Eier und die Milch dazugeben. Die zerbröselten Amaretti darunter mischen.
Die Puddingmasse in die ausgegossenen Förmchen füllen. Die Förmchen mit Klarsichtfolie bedecken und den Bunèt mit Dampfgarfunktion 15 Minuten pochieren.

Limoncelloflan mit Erdbeersauce

Für 4 Personen

Flans:
100 ml Limoncello
150 ml Rahm
3 EL Zucker
1 Ei
2 Eigelb

Erdbeersauce:
150 g frische Erdbeeren
1 TL Zucker
1 EL Limoncello

Für die Sauce die Erdbeeren vierteln, mit dem Zucker bestreuen und mit dem Limoncello beträufeln.
Die Zutaten für die Flans im Mixer pürieren und durch ein Sieb bis zur halben Höhe in Dessertgläser füllen.
Mit Klarsichtfolie bedecken und 13 Minuten dampfgaren. Die Masse soll gestockt sein. Auskühlen lassen und im Kühlschrank kalt stellen.
Vor dem Servieren die marinierten Erdbeeren mit dem Mixer pürieren und die Sauce über die Flans geben. Nach Belieben mit einem Tupfer Schlagrahm und einem Minzeblatt garnieren.

Tipp:
Einen besonderen Effekt erzielen Sie, wenn die Gläser zum Pochieren schräg gestellt werden.

Limoncelloflan mit Erdbeersauce

«Aus übrig gebliebenen Apfelschalen kann man einen schmackhaften Tee zubereiten. Die Schalen auf dem Blech verteilen und in der Restwärme des ausgeschalteten Backofens trocknen. Für den Tee einen halben Liter Wasser mit einer Hand voll Apfelschalen 3 Minuten köcheln, dann 10 Minuten zugedeckt ziehen lassen. Durch ein Sieb abgiessen und nach Belieben mit Zucker, Zimt oder Zitronensaft aromatisieren.»

Simone Rohrer

Hirse-Apfel-Auflauf

Für 4 Personen

220 g Hirse
¾ l Milch
½ TL Salz
500 g eher säuerliche Äpfel
2 EL Honig
2 Eigelb
50 g Zucker
abgeriebene Schale von 1 unbehandelten Zitrone
2 Eiweiss
2 EL Rosinen
1 EL Butter und Butter für die Form

Vanillesauce:
300 ml Milch
2 Eier
2 EL Zucker
½ Vanillestengel

Die Hirse in einem Sieb gut abspülen und abtropfen lassen. Mit der Milch und dem Salz mischen und etwa 25 Minuten dampfgaren. Alle Zutaten zur Vanillesauce gut miteinander verrühren, nach 25 Minuten zur Hirse stellen und beides weitere 20 Minuten garen. Anschliessend die Vanillesauce gut durchrühren. Die Hirse abkühlen lassen.
Die Äpfel schälen, das Kerngehäuse entfernen und die Früchte in Scheiben schneiden. Den Honig darüber träufeln.

Die Eigelbe mit der Hälfte des Zuckers und mit der Zitronenschale cremig rühren. Die Eiweisse mit dem restlichen Zucker steif schlagen.
Eine Gratinform einfetten.
Die Eigelbmischung unter die Hirse rühren, den Eischnee unterheben. Die Hälfte der Masse in die Form füllen, die Äpfel und die Rosinen darauf verteilen, dann die restliche Masse darüber geben und glatt streichen. Mit Butterflöckchen belegen.
Mit Intervallfunktion bei 180 Grad etwa 45 Minuten backen.

Flan Caramel

Für 6–7 Personen

¹/₂ l Milch
1 Vanillestengel
2 ganze Eier
4 Eigelb
175 g Zucker
knapp 100 ml Wasser

Die Milch in einen Topf geben. Den Vanillestengel der Länge nach aufschlitzen und mit den
herausgekratzten Samen zur Milch geben. Aufkochen und neben der Herdplatte 10 Minuten
ziehen lassen.
Inzwischen in einer Schüssel die Eier und die
Eigelbe mit 100 g Zucker verrühren.
Den restlichen Zucker in einem kleinen Pfännchen auf mittlerem Feuer zu hellbraunem Karamell schmelzen. Sofort das Wasser dazugiessen
und so lange kochen lassen, bis die Flüssigkeit
sirupartig eingedickt ist. Den Boden von 12
Souffléförmchen oder kleinen Tassen mit dem
Karamell ausgiessen.
Die Milch nochmals aufkochen. Den Vanillestengel entfernen. Die Milch zur Eicreme giessen und
diese in die vorbereiteten Tassen oder Förmchen
füllen.
Die Flans mit Dampfgarfunktion 10–15 Minuten
pochieren. Die Flans müssen stichfest sein.
Gut abkühlen lassen. Dann sorgfältig dem Rand
entlang lösen und auf Teller stürzen. Nach Belieben mit steif geschlagenem Rahm garnieren.

Crema catalana

Für 4 Personen

¹/₂ l Milch
¹/₂ l Rahm
8 Eigelb
80 g Zucker
Mark von 1 Vanillestengel
brauner Zucker zum Karamellisieren

Milch, Rahm und Eigelb, alles gut gekühlt, mit
dem Zucker und dem Vanillemark mischen und
mit dem Schneebesen gut verrühren.
Die Masse in vier feuerfeste Förmchen füllen
und mit Klarsichtfolie bedecken. Rund 30 Minu-
ten dampfgaren.
Die Creme auskühlen lassen, mit braunem
Zucker bestreuen und unter dem vorgeheizten
Grill bei 230 Grad eine braune Kruste backen.
Die Creme lauwarm servieren.

Hinweis:

Das unverkennbare Gütezeichen der Crema
catalana ist ihre köstlich-knusprige braune
Kruste.

Kirschparfait

Für 6–8 Personen

Parfait:
2 Eigelb
5 EL Zucker
50 ml Kirsch
250 ml Rahm
2 Eiweiss
1 Prise Salz

Kirschencoulis:
100 g Kirschen, entsteint
1 EL Zucker

Kirschengarnitur:
200 g Kirschen, entsteint
2 EL Mehl
1 EL Zucker

Für das Parfait die Eigelbe mit dem Zucker und
2 EL erhitztem Kirsch mit dem Handrührgerät
schaumig rühren, den restlichen Kirsch darunter
rühren.
Den Rahm steif schlagen und unter die Eigelb-
masse ziehen.
Das Eiweiss mit dem Salz steif schlagen und
vorsichtig unter die Masse heben.
In Portionenförmchen oder in eine Terrinenform
füllen und mindestens 4 Stunden tiefkühlen.
Für das Coulis die Kirschen mit dem Zucker in
eine Garschale geben und 25 Minuten dampfgaren. Mit dem Mixer pürieren, durch ein Sieb
streichen und auskühlen lassen.

Das Mehl in einer Pfanne bei mittlerer Temperatur haselnussbraun rösten, den Zucker darunter
rühren und mit den restlichen Kirschen vermischen.
Das Kirschencoulis auf Dessertteller verteilen.
Das Parfait aus den Förmchen stürzen oder in
Tranchen schneiden und auf den Kirschenspiegel
legen. Die Kirschen daneben legen und nach
Belieben mit Schlagrahmtupfern ausgarnieren.

Tipp:
Besonders gut zur Herstellung von Parfaits
eignen sich Silikonformen, die das Auslösen aus
der Form erleichtern.

«Dass sich beim Abkühlen von
Cremen eine unschöne Haut
bildet, lässt sich vermeiden,
indem Sie die fertige Creme
sofort dicht mit Klarsichtfolie
bedecken — die Folie dabei
direkt auf die Creme legen.»

Eliane Contaldi

Haselnusswähe

Für 1 grosses rechteckiges Blech

1 Blätterteigboden, rechteckig ausgewallt

Belag:
800 g gemahlene Haselnüsse
600 Zucker
10 Eier
1 l Rahm

Den Blätterteig in ein hochrandiges Kuchenblech
legen, mit einer Gabel einstechen.
Die Zutaten für den Belag mischen und auf dem
Blätterteig verteilen.
Mit Intervallfunktion bei 190 Grad 45 Minuten
backen.

Tipps:

Der Belag lässt sich auch mit Kokosflocken oder
mit gemahlenen Mandeln und Amaretto variieren.
Für ein rundes Blech nimmt man einen rund
ausgewallten Blätterteig und für den Belag
400 g Haselnüsse, 200 g Zucker, 5 Eier und
½ l Rahm.

Herbstcreme

Für 4 Personen

300 g Birnen
300 g Äpfel
2 EL Zitronensaft

3 EL Zucker
1 EL Butter
200 ml Apfelsaft (Süssmost)
100 ml Rahm
Schokoladenspäne

Die Birnen und die Äpfel schälen, in Scheiben
schneiden, mit dem Zitronensaft beträufeln und
20 Minuten dampfgaren.
In der Zwischenzeit den Zucker und die Butter
in einer Pfanne zu goldgelbem Karamell schmelzen, mit dem Apfelsaft ablöschen und alles so
lange kochen lassen, bis sich der Karamell aufgelöst hat.
Die gegarten Früchtescheiben zum Karamell
geben und alles mit dem Stabmixer pürieren.
Im Kühlschrank auskühlen lassen.
Den Rahm steif schlagen und unter die kalte
Creme heben. Mit Schokoladespänen garnieren.

Tipp:

Für eine leichtere Variante kann statt Rahm ein
Becher Joghurt nature und ein Beutel Vanillezucker verwendet werden.

Kirschen-Schokolade-Köpfchen

Für 6 Förmchen von 150 ml Inhalt

Butter für die Förmchen

60 g Zucker
100 ml Wasser
50 g Amaretti, zerbröckelt

Kompott:
50 ml Wasser
2 EL Zucker
400 g Kirschen, entsteint

Guss:
300 ml Milch
100 g dunkle Schokolade, zerbröckelt
3 Eier
25 g Zucker

150 ml Vollrahm, leicht geschlagen

Den Zucker karamellisieren, mit dem Wasser ablöschen und sirupartig einkochen. Den Karamell in die ausgebutterten Förmchen verteilen. Die zerbröckelten Amaretti darauf geben.
Für das Kompott Wasser und Zucker aufkochen. Die Kirschen beifügen, 2 Minuten kochen, dann im Sud auskühlen lassen. Die Kirschen herausnehmen und abtropfen lassen. Je 4–5 Kirschen in die Förmchen geben.
Für den Guss die Milch erwärmen, die Schokolade darin schmelzen, auskühlen lassen. Die verquirlten Eier und den Zucker dazugeben, glatt rühren und über die Kirschen giessen.
20 Minuten dampfgaren. Dann auskühlen lassen und mindestens 2–3 Stunden kühl stellen.
Die Kirschköpfchen mit einem Messer dem Rand entlang lösen, auf Dessertteller stürzen. Mit den restlichen Kirschen und dem Rahm garnieren.

Türkischer-Kaffee-Flan

Für 6 Personen

Karamellzucker aus 100 g Zucker und
1 Tasse Espresso
250 ml Milch
1 Ei
2 Eigelb
2 EL Instant-Kaffeepulver oder 1 Tasse
Kaffee (50 ml)
3 EL Zucker
1 Messerspitze Zimt
1 TL Schokoladepulver
5 Tropfen Rumaroma

Schlagrahm
Mokkabohnen

Für den Karamell den Zucker karamellisieren, mit dem Espresso ablösen und reduzieren lassen, bis eine leicht gebundene Masse entstanden ist. Je 1 TL davon in Kaffeetassen verteilen.
Die Milch mit Ei, Eigelben, Kaffeepulver oder Kaffee, Zucker, Zimt, Schokoladepulver und Rumaroma im Mixbecher gründlich mixen. Durch ein Sieb in die vorbereiteten Kaffeetassen verteilen.
25 Minuten dampfgaren (die Masse soll gestockt sein), dann auskühlen lassen und im Kühlschrank kalt stellen.
Zum Servieren die Tassen auf eine Untertasse stellen, mit einem Tupfer Schlagrahm und den Mokkabohnen garnieren.

Pfirsiche aus dem Ofen

Für 6 Personen

6 vollreife gelbe Pfirsiche
100 g Amaretti
1 Gläschen Kirschlikör
100 g Zucker
2 Eigelb
12 geschälte Mandeln
1 nussgrosses Stück Butter
2 Gläser Weisswein

Die Pfirsiche mit einem weichen Tuch abreiben,
die Früchte halbieren und den Stein entfernen.
Die Höhlung mit einem Kaffeelöffel noch etwas
vergrössern.
Das entnommene Fruchtfleisch in eine Schüssel
geben und mit einer Gabel zerdrücken. Die zerbröckelten Amaretti, den Likör, Zucker und die
beiden Eigelbe damit vermengen.
Die Masse in die Pfirsichhälften verteilen und
diese mit je einer geschälten Mandel verzieren.
Eine flache Gratinform buttern und die Früchte
nebeneinander hineinstellen. Mit dem Weisswein
begiessen.
Mit Intervallfunktion bei 150 Grad etwa 30 Minuten garen.
Die Pfirsiche abkühlen lassen und auf einer Platte, mit Amaretti garniert, servieren.

Tipp:
Die Amaretti lassen sich einfach zerbröckeln,
indem man sie zwischen zwei Lagen Backpapier
oder in einen Plastikbeutel legt und mit dem
Teigroller darüber fährt.

Versteckte Birnen

Für 4 Personen

4 schöne Birnen mit Stiel
1 rund ausgewallter Mürbeteig
Konfitüre
3 EL gemahlene Mandeln
1 Eigelb

Die Birnen schälen und mit einem Apfelaus-
stecher das Kerngehäuse entfernen. Die ganzen
Birnen sofort 15 Minuten dampfgaren, dann
etwas auskühlen lassen.
Den Mürbeteig noch etwas dünner auswallen,
die Kanten rundherum gerade schneiden und
den Teig in etwa 2 cm breite Streifen schneiden.
Die ausgekühlten Birnen mit Konfitüre bestrei-
chen. Die Teigstreifen mit den gemahlenen Man-
deln bestreuen und beim Stiel beginnend leicht
überlappend um die Birnen wickeln.
Die Birnen auf ein Blech stellen und mit dem
Eigelb bestreichen. Die Stiele der Birnen mit
Alufolie umwickeln.
Im auf 170 Grad vorgeheizten Ofen mit Heissluft
(Umluft) 35 Minuten backen.

Tipp:
Mit etwas geschlagenem Rahm oder mit einer
Vanillecreme servieren.

«Wichtig bei der Teigzuberei-
tung: Sämtliche Zutaten sollten
Raumtemperatur (20–25 Grad)
haben, auch die Flüssigkeiten
wie Wasser und Milch.»

«Die beste Voraussetzung für ein
gutes Gelingen ist die Freude am
Backen. Auch ein Teig ist leben-
dig und braucht seine ‹Streichel-
einheiten›.»

Hermann Brandner,
Testküche Schwanden

Hefegebäck mit Vanillefüllung
Russenzopf

Für eine Cakeform von 30 cm Länge

Süsser Hefeteig:
300 g Weissmehl
½ Würfel Hefe
½ TL Salz
50 g weiche Butter
100 ml Milch
1 Ei, verquirlt
40 g Zucker

Füllung:
1 Packung Vanillecreme zum Kaltanrühren
¼ l Milch
360 g gemahlene Haselnüsse
Saft von 2 Zitronen

Glasur:
4 EL Puderzucker
1 Päckchen Vanillezucker
Zitronensaft

Für den Hefeteig die Zutaten zu einem geschmeidigen Teig verarbeiten und auf das Doppelte aufgehen lassen.
Für die Füllung das Vanillecremepulver mit der Milch anrühren. Die Haselnüsse und den Zitronensaft dazugeben; die Füllung darf leicht säuerlich sein.

Den Teig zu einem Rechteck auswallen, mit der Füllung bestreichen und aufrollen. Die Rolle in der Mitte der Länge nach entzweischneiden und die beiden Stränge, so dass die Schnittflächen oben liegen, zu einem Russenzopf flechten. In eine Cakeform geben.
Mit Intervallfunktion bei 160 Grad 50 Minuten backen.
Für die Glasur Puderzucker und Vanillezucker verrühren und so viel Zitronensaft einrühren, bis eine dickflüssige Glasur entstanden ist. Den Russenzopf nach dem Backen sofort glasieren.

Variante:
Anstelle von Haselnüssen Mandeln verwenden.

BROT UND BROTWAREN

Amerikanischer Schokoladekuchen

Für eine Cakeform von ca. 35 cm Länge

4 Eier
130 g Zucker
130 g Kochschokolade
130 g Butter
¼ l Cassislikör
Butter für die Form

Die Eier mit dem Zucker über einem Wasserbad aufschlagen.
Die Schokolade ebenfalls über einem Wasserbad schmelzen.
Die Butter und den Cassislikör unter die Eier-Zucker-Mischung rühren, die geschmolzene Schokolade darunter ziehen.
In die gut ausgebutterte Form füllen.
Rund 60 Minuten dampfgaren, anschliessend mit Intervallfunktion bei 140 Grad weitere 30 Minuten garen.

Tipp:
Sie können die Teigmasse auch auf einem grossen Blech (40×32 cm) ausstreichen und backen wie oben angegeben. Nach dem Abkühlen in etwa 2×2 cm grosse Rhomben schneiden, diese mit Schokoladeglasur überziehen und mit Schokoladepulver bestäuben – fertig sind die hausgemachten Pralinen.

Schnelle Orangenkrapfen

Für 6 Personen

1 rechteckig ausgewallter Blätterteig
4 EL Orangensirup
3 EL Zucker

Den Blätterteig quer halbieren.
Die eine Teighälfte auf ein mit Backpapier belegtes Blech legen. Mit 3 EL Orangensirup bestreichen und mit 2 EL Zucker bestreuen.
Die andere Teighälfte darauf legen, mit dem restlichen Sirup bestreichen und mit dem restlichen Zucker bestreuen.
Mit dem Teigrad in beliebig grosse Quadrate, Rechtecke oder Rhomben schneiden.
Mit Intervallfunktion bei 180 Grad 20–25 Minuten backen.
Nach dem Backen die Krapfen sofort voneinander trennen und auf einem Kuchengitter auskühlen lassen.

BROT UND BROTWAREN

Focaccia

Für 6–7 Personen

Hefeteig:
500 g Weissmehl
½ Würfel Hefe
300 ml lauwarme Milch
1 TL Salz
150 g weiche Butter

Salz zum Bestreuen
Olivenöl zum Beträufeln
50 g Speck oder Rohschinken
Pfeffer

Das Mehl in eine Schüssel sieben und in der Mitte eine Vertiefung drücken. Die Hefe mit 50 ml Milch anrühren, in die Mehlmulde giessen und mit etwas Mehl zu einem dicklichen Teiglein verrühren. Etwas Mehl darüber stäuben. Diesen Vorteig so lange gehen lassen, bis die Oberfläche Risse zeigt (etwa 15 Minuten).

Das Salz über das Mehl streuen, die restliche Milch sowie die weiche Butter beifügen und alles 5–10 Minuten zu einem glatten, elastischen und weichen Teig kneten. Den Teig in die leicht bemehlte Schüssel zurückgeben und mit wenig Mehl bestäuben. Die Schüssel mit einem feuchten Tuch bedecken und den Teig so lange an einem warmen Ort gehen lassen, bis sich das Volumen verdoppelt hat.

Den Teig nochmals durchkneten, in zwei Portionen teilen und jede etwa 2 cm dick auswallen. Die Teigböden auf ein mit Backpapier belegtes Blech legen und nochmals etwas gehen lassen. Vor dem Backen mit Salz bestreuen und grosszügig mit Olivenöl beträufeln.

Den Speck oder Rohschinken in Streifen schneiden, darauf verteilen und mit Pfeffer bestreuen. Mit Intervallfunktion bei 190 Grad 20–25 Minuten backen.

Die Focaccia in Stücke schneiden und lauwarm servieren.

Sportlerbrot

Für eine Cakeform von 25 cm Länge

100 g Nusskernemischung
50 g gedörrte Zwetschgen, entsteint
50 g gedörrte Aprikosen, entsteint
50 g gedörrte Äpfel

200 g Ruchmehl
200 g feines Vollkornmehl
20 g Frischhefe oder 1 Päckchen Trockenhefe
270 ml Wasser
10 g Salz
25 g Zucker
25 g Butter

Die Nusskerne grob hacken, die Dörrfrüchte grob schneiden.
Für den Teig die Hefe im Wasser auflösen und mit den restlichen Zutaten zu einem elastischen Teig kneten. Zuletzt die Nüsse und Früchte darunter mischen.
Den Teig 1 Stunde zugedeckt ruhen lassen, während dieser Zeit zwei- bis dreimal zusammenschlagen.
Die Cakeform einfetten.
Den Teig zuerst rund, dann länglich formen und in die Cakeform legen. Nochmals zugedeckt gehen lassen, bis sich das Volumen um ein Drittel vergrössert hat.
Mit Intervallfunktion bei 170 Grad auf der mittleren Rille 50 Minuten backen.

Tipp:
Das Brot vor dem Aufschneiden einen Tag ruhen lassen.

Maisbrot

Für 2 Brote à 600 g oder 30 Brötchen à 40 g

Vormischung:
150 g feiner Mais
300 ml Wasser

Teig:
500 g Weissmehl
20 g Salz
40 g Frischhefe oder 2 Päckchen Trockenhefe
50 g Butter
200 ml Milch

Den Mais mit dem Wasser mischen, 20 Minuten dampfgaren und abkühlen lassen.
Für den Teig die Hefe in etwas Wasser auflösen, die restlichen Zutaten einschliesslich der Vormischung dazugeben und alles zu einem elastischen Teig kneten. Den Teig zugedeckt 1 Stunde ruhen lassen, während dieser Zeit zwei- bis dreimal zusammenschlagen.
Den Teig in zwei gleich grosse Stücke teilen. Diese zu 60 cm langen Strängen formen, schneckenförmig einrollen, leicht mit Mehl bestäuben und auf ein Blech setzen. Im kalten, geschlossenen Ofen nochmals etwa 20 Minuten gehen lassen.
Für Brötchen den Teig in 30 Stücke à 40 g teilen, diese zu 15 cm langen Strängen rollen, zu Schnecken formen und leicht mit Mehl bestäuben. Im kalten, geschlossenen Ofen nochmals 20–30 Minuten gehen lassen.
Brote mit Intervallfunktion bei 180 Grad auf der untersten Rille 50 Minuten backen, Brötchen bei 200 Grad auf der mittleren Rille 20 Minuten backen.

Tipp:
Für süsses Maisbrot 50 g Zucker und 100 g Sultaninen dazugeben.

Pestobrot

Für 4 Personen

Teig:
500 g Weissmehl
¼ Würfel frische oder 1 Päckchen Trockenhefe
300 ml Wasser
1 TL Salz

Füllung:
3–4 Knoblauchzehen
3–4 EL fertiger Pesto (Basilikum oder Bärlauch)

Die Zutaten zum Hefeteig mischen und zu einem geschmeidigen Teig kneten. Bei Raumtemperatur zugedeckt auf das Doppelte aufgehen lassen. Dann den Teig zu einem Rechteck von 25×30 cm auswallen.
Für die Füllung den Knoblauch auspressen und unter den Pesto rühren. Auf dem Teig ausstreichen, dabei einen Rand von 3–4 cm frei lassen. Den Teig von der Längsseite her satt aufrollen. Das Brot auf ein Blech setzen.
Mit Intervallfunktion bei 190 Grad 45 Minuten backen.

Tipp:
Ideal zum Aperitif, zu Suppen oder Salaten. Pesto lässt sich sehr einfach selbst herstellen: Dazu 100 ml Olivenöl, 1 Bund frischen Basilikum, 1 Knoblauchzehe und 50 g Pinienkerne im Mixer nicht zu fein hacken. 50 g frisch geriebenen Parmesan darunter mischen und mit Salz, Pfeffer und einem Spritzer Zitronensaft abschmecken.

Blätterteigstangen

1 rechteckig ausgewallter Blätterteig
Olivenöl
grobes Salz, bunter Pfeffer aus der Mühle

Den Blätterteig mit dem Teigrad in etwa 1 cm breite und 15 cm lange Streifen schneiden. Mit Olivenöl bepinseln und mit Salz und Pfeffer bestreuen. Rund 15 Minuten in den Tiefkühler stellen.
Die Blätterteigstreifen im Abstand von ½ cm auf ein mit Backpapier belegtes Blech setzen. Mit Intervallfunktion bei 180 Grad 15–20 Minuten backen. Auf einem Kuchengitter auskühlen lassen.
Die Blätterteigstangen möglichst frisch geniessen.

Tipp:
Ideal zum Aperitif oder als Dekoration zum Beispiel zu Terrinen oder Salaten.

«Den fertig gekneteten Teig
an einem nicht zu warmen Ort
gehen lassen, am besten bei
Raumtemperatur, und den Teig
dabei zwei- bis dreimal zusammenschlagen. Der Teig wird so
geschmeidiger, der Gärprozess
beschleunigt. Den Teig immer
gut zudecken.»

«Lässt man aufgearbeitete Teigstücke im kalten, geschlossenen
Backofen gehen, kann sich keine
Haut bilden, die das Aufgehen
verhindert.»

Claire Banz

Mozzarellabrot

Für 2 Brote à 500 g oder 20 Brötchen à 50 g

Teig:
300 g Weissmehl
250 g Halbweissmehl
10 g Salz
20 g Frischhefe oder 1 Päckchen Trockenhefe
350 ml Wasser
30 ml Olivenöl
1 Prise Pizzagewürz

verquirltes Ei
100 g Mozzarella, geraspelt, zum Bestreuen

Die Hefe mit dem Salz im Wasser auflösen und mit den restlichen Zutaten zu einem elastischen Teig kneten.
Den Teig 1 Stunde zugedeckt ruhen lassen, während dieser Zeit zwei- bis dreimal zusammenschlagen.
Den Teig in zwei gleich grosse Stücke teilen. Diese rund formen, auf etwa 18 cm Durchmesser auswallen und auf ein Blech setzen. Die Brote mit Ei bestreichen, jedes der Brote mit 30–40 g Mozzarella gleichmässig bestreuen und diesen leicht andrücken.
Im kalten, geschlossenen Ofen 20 Minuten gehen lassen.
Für Brötchen den Teig in 20 gleich grosse Stücke teilen. Diese rund formen und auf ein mit Backpapier belegtes Blech setzen. Die Brötchen mit Ei bestreichen und im geraspelten Mozzarella wenden. Im kalten, geschlossenen Ofen 20–30 Minuten gehen lassen.
Brote mit Intervallfunktion bei 180 Grad auf der untersten Rille 40 Minuten backen. Brötchen bei 200 Grad auf der mittleren Rille 22 Minuten backen.

Bauernbrot

Für 1 Brot von 800 g

350 g Halbweissmehl
150 g dunkles Roggenmehl
10 g Salz
20 g Frischhefe oder 1 Päckchen Trockenhefe
150 ml Milch
200 ml Wasser

Die Hefe in etwas Wasser auflösen, mit den restlichen Zutaten zu einem elastischen Teig kneten.
Den Teig zugedeckt 1 Stunde ruhen lassen, während dieser Zeit zwei- bis dreimal zusammenschlagen.
Den Teig rund formen, die Oberfläche mit Mehl bestäuben und das Brot auf ein mit Backpapier belegtes Blech setzen. Das Brot im kalten, geschlossenen Ofen etwa 10 Minuten aufgehen lassen, anschliessend mit einem scharfen Messer kreuzweise 2 mm tief einschneiden und im geschlossenen Ofen nochmals 10 Minuten aufgehen lassen.
Mit Intervallfunktion bei 180 Grad auf der mittleren Rille 50 Minuten backen.

Sonnenblumenbrot

Für 1 Brot von 800 g

200 g Vollkornmehl
100 g dunkles Roggenmehl
200 g Ruchmehl
20 g Frischhefe oder 1 Päckchen Trockenhefe
10 g Salz
350 ml Wasser
30 ml Sonnenblumenöl
100 g Sonnenblumenkerne

Die Hefe mit dem Salz im Wasser auflösen und mit den restlichen Zutaten bis auf die Sonnenblumenkerne zu einem elastischen Teig kneten. Zuletzt die Sonnenblumenkerne darunter kneten. Den Teig 1 Stunde zugedeckt ruhen lassen und während dieser Zeit zwei- bis dreimal zusammenschlagen.
500 g Teig abnehmen, rund formen und auf etwa 16 cm Durchmesser auswallen. Auf ein Backpapier setzen.
Für Nase, Augen und Mund 50 g Teig etwa 5 mm dick auswallen, die Augen und den Mund ausstechen, aus dem restlichen Teig die Nase formen. Für die Sonnenstrahlen 18 Teigportionen von je 25 g zu Tropfen formen.
Die runde Teigplatte für den Mittelteil oben und seitlich mit Wasser leicht befeuchten, Nase, Augen und Mund aufsetzen und die tropfenförmigen Teile am Rand ansetzen.
Alles leicht mit Mehl bestäuben, die Randteile einschneiden und im kalten, geschlossenen Ofen nochmals aufgehen lassen.
Mit Intervallfunktion bei 180 Grad auf der mittleren Rille 45–50 Minuten backen.

Berner Zopf

Für 1 Zopf von 750 g

Teig:
500 g Weissmehl
~~5~~ g Salz
5 g Zucker
20 g Frischhefe oder 1 Päckchen Trockenhefe
250 ml Milch
75 g Butter
1 Ei (50 g)

Ei zum Bestreichen

Die Hefe in Milch auflösen, mit den restlichen Zutaten zu einem elastischen Teig kneten. Den Teig zugedeckt 1 Stunde ruhen lassen, während dieser Zeit zwei- bis dreimal zusammenschlagen. Den Teig in zwei gleich grosse Stücke teilen, diese gleichmässig zu zwei Strängen von 80 cm Länge rollen. Zum Zopf flechten. Den Zopf zweimal mit Ei bestreichen und nochmals bei Raumtemperatur 20–30 Minuten aufgehen lassen.
Im vorgeheizten Backofen bei 200 Grad (Umluft) auf der mittleren Rille 35 Minuten backen. Wird der Zopf mit Intervallfunktion gebacken, bleibt er länger feucht, muss aber sehr straff geflochten werden, damit er dabei nicht aus der Form fällt.

Backen: mit Dampf
~ 45 Min.
backen

Berner Zopf

«Grobe Zutaten wie gehackte Nüsse, Sultaninen und Früchte ganz am Schluss nur kurz unter den Teig kneten.»

«Brote sollten schon nach etwa halber Garzeit eingeschnitten werden, damit der Teig nicht zusammenfällt. Dies gilt auch für das Bestreichen mit Ei.»

Carol Meile

Bärlauchbrot

Für 2 Brote à 500 g

30 g frischer oder 5 g getrockneter Bärlauch
30 g getrocknete Tomaten

Teig:
350 g Weissmehl
200 g Ruchmehl
10 g Salz
20 g Frischhefe oder 1 Päckchen Trockenhefe
350 ml Wasser
20 ml Olivenöl

Frischen Bärlauch waschen und klein schneiden.
Die getrockneten Tomaten in Wasser einweichen.
Für den Teig die Hefe in Wasser auflösen, die
restlichen Zutaten einschliesslich des Bärlauchs
und der Tomaten dazugeben und alles zu einem
elastischen Teig kneten. Den Teig zugedeckt
1 Stunde ruhen lassen, während dieser Zeit zwei-
bis dreimal zusammenschlagen.
Den Teig in zwei gleich grosse Stücke teilen,
rund formen und mit Mehl bestäuben. Mit dem
Stiel eines Kochlöffels vier Kreuze in den Teig
drücken. Die Brote auf Backpapier setzen und im
kalten, geschlossenen Ofen nochmals 20 Minuten gehen lassen.
Mit Intervallfunktion bei 180 Grad auf der mittleren Rille 45 Minuten backen.

Olivenbrot

Für 1 Brot von 750 g

150 g grüne Oliven, entsteint

Teig:
350 g Halbweissmehl
200 g Weissmehl
10 g Salz
20 g Frischhefe oder 1 Päckchen Trockenhefe
350 ml Wasser
20 ml Olivenöl
einige frische Oreganoblättchen (oder 1 Prise
getrockneter Oregano)

Die Oliven klein schneiden.
Für den Teig die Hefe in Wasser auflösen, die
restlichen Zutaten einschliesslich der Oliven
dazugeben und alles zu einem elastischen Teig
kneten. Den Teig zugedeckt 1 Stunde ruhen
lassen, während dieser Zeit zwei- bis dreimal
zusammenschlagen.
Den Teig in zwei gleich grosse Stücke teilen,
rund formen und mit Mehl bestäuben. Mit
einem Ausstecher von 6 cm Durchmesser
(Grösse 10) einstechen, auf Backpapier setzen
und nochmals 20 Minuten gehen lassen.
Mit Intervallfunktion bei 180 Grad auf der
mittleren Rille 45 Minuten backen.

Tierfiguren

Für 6 Stück

500 g Weissmehl
10 g Salz
40 g Frischhefe oder 2 Päckchen Trockenhefe
10 g Zucker
50 g Butter
1 Ei (50 g)
250 ml Milch

Die Hefe in etwas Wasser auflösen, die restlichen Zutaten dazugeben und alles zu einem elastischen Teig kneten. Den Teig zugedeckt 1 Stunde ruhen lassen, während dieser Zeit zwei- bis dreimal zusammenschlagen.
Vom Teig 20 g abnehmen, auswallen und mit der Lochtülle vier gleich grosse Augen ausstechen.

Kätzchen: Für den Körper 180 g, für den Kopf 90 g und für den Schwanz 12 g Teig nehmen. Den Teig für den Körper zu einem 20 cm langen Strang formen. Den Teig für den Kopf etwa 8 cm lang rollen, an beiden Enden spitz zulaufend, die Spitzen nach oben ziehen und das Ganze flach drücken. Den Teig für den Schwanz keilförmig ausrollen. Alle Teile zusammensetzen (siehe Bild).

Elefant: Für den Körper 150 g, für den Kopf 80 g, für das Ohr 20 g und für den Schwanz 12 g Teig nehmen. Den Teig für den Körper zu einem 20 cm langen Strang formen. Den Teig für den Kopf keilförmig etwa 8 cm lang ausrollen, wobei die untere Hälfte deutlich dünner ist. Den Teig für das Ohr und den Schwanz ebenfalls keilförmig ausrollen und flach drücken. Alle Teile zusammensetzen (siehe Bild).

Hase: Für den Körper 180 g, für den Kopf 90 g und für den Schwanz 12 g Teig nehmen. Den Teig für den Körper etwa 20 cm lang ausrollen und von rechts bis zur Mitte schneckenförmig einrollen. Den Teig für den Kopf und den Schwanz keilförmig ausrollen, etwas flach drücken und beim Kopf mit der Schere die Ohren einschneiden. Alle Teile zusammensetzen (siehe Bild).

Die Teigoberfläche zweimal mit Ei bestreichen und ungedeckt etwa 30 Minuten ruhen lassen. Mit Intervallfunktion bei 180 Grad auf der mittleren Rille 25 Minuten backen.

Haselnuss-Sonne

Für 2 Stück

Teig:
500 g Weissmehl
40 g Frischhefe oder 2 Päckchen Trockenhefe
250 ml Milch
10 g Salz
40 g Zucker
1 Ei (50 g)
60 g Butter
Zitronenaroma

Nussfüllung:
250 g gemahlene Haselnüsse
75 ml Wasser
200 g Zucker
20 g Butter

Ei zum Bestreichen
gehobelte Mandeln

Für den Teig die Hefe in Milch auflösen und mit den restlichen Zutaten gut verkneten. Den Teig zugedeckt 1 Stunde ruhen lassen. Während dieser Zeit zwei- bis dreimal zusammenschlagen. Für die Füllung die Haselnüsse leicht rösten. Wasser, Zucker und die Butter in einen Topf geben, aufkochen, dann die Haselnüsse beigeben und darunter mischen. Die Masse abkühlen lassen.

Den Teig in vier gleich grosse Stücke teilen und rund formen. Zwei Teigplatten von 24 cm Durchmesser ausrollen und im Tiefkühler fest werden lassen. Die restlichen zwei Teigstücke gleich gross ausrollen. Die leicht angefrorenen Teigplatten jeweils auf ein Backpapier setzen und bis zum Rand mit der Nussfüllung bestreichen. Jeweils eine Teigplatte auflegen und am Rand leicht andrücken.

Mit einem Teller von etwa 16 cm Durchmesser jeweils in der Mitte einen Kreis markieren. Den Teigrand ringsherum bis zur Markierung einschneiden, die einzelnen Teigstreifen (es sollten etwa 16 sein) zweimal drehen und leicht andrücken.

Die Teigoberfläche mit Ei bestreichen, den Mittelteil mit gehobelten Mandeln bestreuen und im kalten, geschlossenen Ofen rund 30 Minuten ruhen lassen.

Mit Intervallfunktion bei 170 Grad auf der mittleren Rille 30 Minuten backen.

Haselnuss-Sonne

Für 2 Stück

Teig:
500 g Weissmehl
40 g Frischhefe oder 2 Päckchen Trockenhefe
250 ml Milch
10 g Salz
40 g Zucker
1 Ei (50 g)
60 g Butter
Zitronenaroma

Nussfüllung:
250 g gemahlene Haselnüsse
75 ml Wasser
200 g Zucker
20 g Butter

Ei zum Bestreichen
gehobelte Mandeln

Für den Teig die Hefe in Milch auflösen und mit den restlichen Zutaten gut verkneten. Den Teig zugedeckt 1 Stunde ruhen lassen. Während dieser Zeit zwei- bis dreimal zusammenschlagen. Für die Füllung die Haselnüsse leicht rösten. Wasser, Zucker und die Butter in einen Topf geben, aufkochen, dann die Haselnüsse beigeben und darunter mischen. Die Masse abkühlen lassen.

Den Teig in vier gleich grosse Stücke teilen und rund formen. Zwei Teigplatten von 24 cm Durchmesser ausrollen und im Tiefkühler fest werden lassen. Die restlichen zwei Teigstücke gleich gross ausrollen. Die leicht angefrorenen Teigplatten jeweils auf ein Backpapier setzen und bis zum Rand mit der Nussfüllung bestreichen. Jeweils eine Teigplatte auflegen und am Rand leicht andrücken.

Mit einem Teller von etwa 16 cm Durchmesser jeweils in der Mitte einen Kreis markieren. Den Teigrand ringsherum bis zur Markierung einschneiden, die einzelnen Teigstreifen (es sollten etwa 16 sein) zweimal drehen und leicht andrücken.

Die Teigoberfläche mit Ei bestreichen, den Mittelteil mit gehobelten Mandeln bestreuen und im kalten, geschlossenen Ofen rund 30 Minuten ruhen lassen.

Mit Intervallfunktion bei 170 Grad auf der mittleren Rille 30 Minuten backen.

Frösche

Für 9 Stück

Teig:
450 g Weissmehl
10 g Salz
20 g Frischhefe oder 1 Päckchen Trockenhefe
10 g Zucker
40 g Butter
300 ml Milch

9 Scheiben Salami oder Rohschinken

Die Hefe in etwas Wasser auflösen, mit den restlichen Zutaten zu einem elastischen Teig kneten. Den Teig zugedeckt 1 Stunde ruhen lassen, während dieser Zeit zwei- bis dreimal zusammenschlagen.
Für die Augen 50 g Teig auswallen und 18 Augen ausstechen, den restlichen Teig wieder zurückgeben.
Für die Körper jeweils 70 g Teig rund formen, auf Backpapier setzen und mit der Hand etwas flach drücken. Mit der Schere für das Maul den Teig bis zur Mitte einschneiden, etwas Backpapier dazwischenlegen und nochmals etwas zusammendrücken.
Für die Beine jeweils 20 g Teig 16 cm lang und an beiden Aussenseiten etwas dicker ausrollen. Den Körper mit Ei bestreichen, die Beine an den Körper legen, die Augen aufsetzen und alles nochmals mit Ei bestreichen. Rund 30 Minuten gehen lassen.
Im auf 200 Grad vorgeheizten Ofen auf der mittleren Rille 25 Minuten backen.
Nach dem Erkalten die Frösche aufschneiden und mit Salamischeiben füllen.

Walliser Roggenbrot

Für 2 Brote von 650 g

Vorteig:
550 g grober Roggenschrot
½ l Wasser

Teig:
200 g Roggenmehl
20 g Salz
30 g Frischhefe oder 2 Päckchen Trockenhefe
50 ml Wasser

Für den Vorteig den Roggenschrot im Wasser einweichen und bei Raumtemperatur rund 12 Stunden stehen lassen.
Für den Teig die Hefe im Wasser auflösen und mit den restlichen Zutaten sowie dem Vorteig einen Teig herstellen. Wichtig: Den Teig schonend und nicht zu lange bearbeiten. Anschliessend mindestens 1 Stunde zugedeckt ruhen lassen. Den Teig in zwei gleich grosse Stücke teilen, rund formen, mit Mehl bestäuben und auf ein Backblech setzen. Die Brote so lange stehen lassen, bis sich an der Oberfläche gleichmässige Risse bilden.
Mit Intervallfunktion bei 200 Grad auf der mittleren Rille 50 Minuten backen.

Haselnuss-Sonne

Für 2 Stück

Teig:
500 g Weissmehl
40 g Frischhefe oder 2 Päckchen Trockenhefe
250 ml Milch
10 g Salz
40 g Zucker
1 Ei (50 g)
60 g Butter
Zitronenaroma

Nussfüllung:
250 g gemahlene Haselnüsse
75 ml Wasser
200 g Zucker
20 g Butter

Ei zum Bestreichen
gehobelte Mandeln

Für den Teig die Hefe in Milch auflösen und mit den restlichen Zutaten gut verkneten. Den Teig zugedeckt 1 Stunde ruhen lassen. Während dieser Zeit zwei- bis dreimal zusammenschlagen. Für die Füllung die Haselnüsse leicht rösten. Wasser, Zucker und die Butter in einen Topf geben, aufkochen, dann die Haselnüsse beigeben und darunter mischen. Die Masse abkühlen lassen.

Den Teig in vier gleich grosse Stücke teilen und rund formen. Zwei Teigplatten von 24 cm Durchmesser ausrollen und im Tiefkühler fest werden lassen. Die restlichen zwei Teigstücke gleich gross ausrollen. Die leicht angefrorenen Teigplatten jeweils auf ein Backpapier setzen und bis zum Rand mit der Nussfüllung bestreichen. Jeweils eine Teigplatte auflegen und am Rand leicht andrücken.

Mit einem Teller von etwa 16 cm Durchmesser jeweils in der Mitte einen Kreis markieren. Den Teigrand ringsherum bis zur Markierung einschneiden, die einzelnen Teigstreifen (es sollten etwa 16 sein) zweimal drehen und leicht andrücken.

Die Teigoberfläche mit Ei bestreichen, den Mittelteil mit gehobelten Mandeln bestreuen und im kalten, geschlossenen Ofen rund 30 Minuten ruhen lassen.

Mit Intervallfunktion bei 170 Grad auf der mittleren Rille 30 Minuten backen.

Rezeptverzeichnis